Jochen Schmidt

Ich weiß noch, wie King Kong

EIN FLORILEGIUM   starb

C.H.Beck

Mit 70 Abbildungen

1. Auflage. 2021
© Verlag C.H.Beck oHG, München 2021
www.chbeck.de
Umschlaggestaltung: Rothfos & Gabler, Hamburg
Umschlagabbildung: © ullstein bild – mirrorpix
Satz: Fotosatz Amann, Memmingen
Druck und Bindung: CPI – Ebner & Spiegel, Ulm
Gedruckt auf säurefreiem, alterungsbeständigem Papier
(hergestellt aus chlorfrei gebleichtem Zellstoff)
Printed in Germany
ISBN 978 3 406 76637 4

myclimate
klimaneutral produziert
www.chbeck.de/nachhaltig

Inhaltsverzeichnis

HEUTE SASS ICH WIEDER DEN GANZEN
TAG AN MEINEM BUCH

Meine Philosophie

Mein Kopf ist voller Fragen, bin ich deshalb ein Philosoph? Oder müßte ich die Fragen auch beantworten können?

Soll ich meinen Kakao umrühren, oder lohnt es sich, auf die Entropie zu warten?

Was ist, wenn der Schiedsrichter einfach nie abpfeift?

Wie wäre es, wenn ich bei «Durch die Nacht mit ...» um halb zwölf schlafen gehe?

Sollte es nicht Produkte geben, auf denen steht: «Neu! Jetzt genau wie vorher!»

Was ist ein Senkel, den man nicht schnürt?

Ist es pedantisch, daß ich sogar bei einem Wort, das ich löschen will, zuerst die Rechtschreibung korrigiere?

Wieso habe ich in der Videothek immer nur Lust auf den Film, der ohne Ton auf dem Bildschirm über der Kasse läuft?

Bin ich für meine Frau noch mitreißend? Oder nur mitreisend?

Ich habe mal das älteste Haus von Oslo gesehen, hätte ich am nächsten Tag noch einmal hingehen sollen, denn da war es ja noch älter?

Warum ist mir noch nie ein Tier zugelaufen?

Warum kann man Fernseher nicht auspusten?

Finden langweilige Menschen alle anderen Menschen interessant?

Sollte man nicht einen Tag vor seinem Tod aus seiner Wohnung ziehen und die Kaution verprassen?

Gibt es Parasiten, die Parasiten haben?

Bringt es Unglück, abergläubisch zu sein?

Warum waren Schlafanzüge früher gestreift?

Wenn ich einen Rollstuhlfahrer an der Ampel über die Straße schiebe, muß ich mich dann mit «Gute Fahrt» verabschieden?

Gibt es M&M's auch getrennt?

Kann man das Enfant terrible einer Femme fatale sein?

Darf man mit seiner Liebkosung aufhören, nur weil die Ampel umschaltet?

Wäre Pornocchio ein guter Pornofilmtitel?

War Casanova ein Casanova?

Warum muß ich auf dem Bahnhof immer denken: Warum steht ihr hier alle? Euer Zug ist doch längst abgefahren.

Wie oft läßt sich Klopapier falten, wenn man zu faul ist, ein neues Stück abzureißen?

Mein Unwort des Jahres

Ich habe im letzten Jahr wieder viele schöne Wörter gelernt, zum Beispiel «Quetzalcoatlus», das ist ein ausgestorbener Flugsaurier aus Nordamerika, es gibt ihn aber noch als Schleich-Tier, wobei mir der Brachiosaurus von Schleich lieber ist, weil man sich mit seinem langen Hals so gut den Rücken kratzen kann, genau an der «Acnestis». Das Wort kommt aus dem Griechischen und bezeichnet die Stelle zwischen den Schulterblättern, an die die meisten Vierfüßler nicht heranreichen. Ohne die Griechen hätten wir für diese Stelle kein Wort! Wahrscheinlich hat uns die Natur mit einer Acnestis ausgestattet, weil wir dadurch gezwungen sind, uns einen Partner zu suchen, der uns dort kratzt, sonst würden wir womöglich ein Dasein als Einsiedler führen und uns nicht vermehren. Wenn man sich vermehrt hat, braucht man einen antibakteriellen Mundpflege-Fingerling mit Silber-Natriumhydrogen-Zirconium-Phosphat im Faser-Polymer, ein weiteres Wort, das ich im letzten Jahr gelernt habe. Man benutzt den Fingerling, um Babys die ersten Zähne zu putzen, aber auch schon, bevor sie Zähne haben, soll man ihnen vorsichtig das Zahnfleisch damit massieren. Ob sie davon auch früher sprechen lernen? Noch viele andere Wörter hat mir das Jahr geschenkt, was ein «Milanaise-Armband» ist, habe ich bei «Bares für Rares» gelernt, aber für so etwas wird mein Geld fürs erste nicht mehr reichen, man muß sich entscheiden, Kinder oder Milanaise-Armbänder. «Bares für Rares» verdanke ich auch die Wörter «Schnürnecessaire», «Tremolierstrich», «Toi-et-moi-Ring» und «Rattenschwanzkette». Die Sendung, lange unsere Lieblingssendung, ist eine Fundgrube für neue Wörter, trotzdem gucken wir inzwischen sogar noch lieber die «Küchenschlacht», hauptsächlich wegen der Begriffe, die man dort lernt («sous-vide-garen», «Gremolata», «plattieren», «poelieren»).

Ich freue mich immer, neue Wörter kennenzulernen, denn man kann sie einfach benutzen, ohne dafür zu bezahlen, dasselbe Wort kann sogar gleichzeitig von vielen Menschen benutzt werden, im Grunde von allen, die es gibt. Man kann das im Fußballstadion erleben, wenn alle Zuschauer im Chor «Schieber!» rufen, das geht problemlos, anders, als wenn alle gleichzeitig dieselbe Bratwurst zu essen versuchen, das würde nicht ohne Gerangel abgehen. Es gibt aber nicht nur Wörter, die alle gleichzeitig benutzen können, sondern auch Wörter, die alle gleichzeitig *nicht* benutzen sollten, das sind Unwörter.

Horst Lichter hält sich bei «Bares für Rares» nicht daran, denn er sagt gerne «ein Träumchen», worauf wir uns jedesmal kurz wieder fassen müssen. Genauso geht es uns bei der «Küchenschlacht», wenn in bezug auf ein Risotto der Begriff «schlotzig» fällt. Für meine Tochter sind es Begriffe wie «erläutere» und «begründe» in Testaufgaben. Für meine Freundin ist es «Menschenskinder!», dieses Wort darf mir nicht über die Lippen kommen, auch wenn der Reißverschluß vom Schneeanzug wieder klemmt, sonst beschwert sie sich, ich würde vor den Kindern fluchen. «Menschenskinder!» ist für sie ein Unwort. Ich darf es bei uns nur im Wäscheschrank benutzen, wenn ich die Tür von innen schließe und mir hinterher den Mund mit Seife auswasche. Meine Freundin mag es auch nicht, wenn ich «naschen» sage oder «leckerschmecker», dann bekommt sie innerlich eine Gänsehaut, und ich muß schnell ein paar Verse von Rilke rezitieren, damit sich ihre Ohren erholen. Ich mag diese Wörter eigentlich auch nicht und würde nie darauf kommen, sie zu benutzen, wenn sie sich nicht so schön darüber ärgern würde. Ich für meinen Teil finde es schrecklich, wenn jemand mein freundliches «Vielen Dank» mit «Gerne» beantwortet statt mit «Gern geschehen». «Danke für die Auskunft.» «Gerne.» «Bitte ein Mümmelbrötchen und einen Zimt-Wuppi.» «Gerne.» «Nein, ich habe keine Zeit für eine Telefonumfrage.» «Gerne.» Oder wenn jemand eine Mail an mehrere Adressaten mit den Worten «Ihr Lieben» beginnt, dann kann ich nicht mehr weiterlesen. (Wobei ich auch nicht weiß, was man statt dessen schreiben sollte? Vielleicht schreibt man lieber an jeden einzeln?)

Leider sprechen sich Unwörter ungeheuer schnell rum, kaum habe ich eines zum ersten Mal gehört, kann ich mich schon nicht mehr davor retten («zielführend», «zeitnah», «vollumfänglich», «gefühlt» + irgendwas, irgendwas + «affin», «definitiv», «Geld in die Hand nehmen», «engführen», «das ist nicht so meins», ein «Pott» Kaffee). Manchmal ist es auch gar kein Unwort, das mich stört, sondern eine Betonung, sozusagen eine Unbetonung. Meine Unbetonung des Jahres ist die Art, wie Kassiererinnen seit noch nicht allzu langer Zeit «Hallo» sagen, nämlich nicht mehr auf der ersten Silbe betont «*Hallo*», sondern, indem sie beim «Ha» den Ton heben «Ha-llo». Ich hoffe immer, daß niemand von unseren ausländischen Gästen, die gerade bei uns Deutsch lernen, das mithört und denkt, man dürfe so sprechen.

Ein Ding kann ein Unding sein, eine Tat eine Untat, ein Mensch ein Unmensch, ein Wetter ein Unwetter, ein Tier ein Untier, ein Fug kann leicht zum Unfug werden, manches Ungeheuer wäre lieber ein Geheuer, ich bin lieber unverfroren als verfroren und ziehe Tote Untoten vor, ich drücke mich lieber verblümt als unverblümt aus und mag Wörter mehr als Unwörter, das gebe ich zu, unumwunden und umwunden. Es gibt so viele schöne Wörter, zum Beispiel «Aperçu» oder «Knalleffekt» oder «Kontermutter», «gelbbindige Furchenbiene» (Wildbiene des Jahres), «schwarzer Schnurfüßer» (Höhlentier des Jahres) und «Klebsormidium» (Alge des Jahres), da kann man auf die Unwörter doch leicht verzichten, und es bleiben immer noch genug für jeden.

Wenn man kein Hungertuch hat

In der kurzen Zeit, die das Essen auf dem Eßtisch verbringt, sind meine Eltern nervös, sie haben Angst vor unaufgegessenem Essen. Wenn das Essen einmal aus den Töpfen befreit und in Schüsseln serviert worden ist, muß es vollständig verspeist werden. Kaum, daß sich alle aufgetan haben, bemerkt meine Mutter erstaunt: «Und ich dachte, es reicht nicht, dann hätte ich *doch* nicht noch mehr Kartoffeln aufgesetzt!» Wenn es allerdings einmal dazu kommt, daß alle Schüsseln geleert sind, sagt meine Mutter: «Und ich dachte, es ist zuviel! Hätte ich *doch* noch mehr Kartoffeln aufsetzen sollen!» Daß das Essen *immer* zuviel oder zuwenig ist und nur *ganz selten* genau so viel gekocht worden ist, wie die anwesenden Personen schaffen oder vernünftigerweise zu sich nehmen, will ihr nicht in den Kopf. Aber was heißt schon zuviel? Man kann die Gäste ja zum Essen nötigen. Ein Ostpreuße, den wir nicht kannten, aber oft zitieren, antwortete einmal auf die Frage, ob es ihm bei seinen Gastgebern geschmeckt habe: «Ja, aber es fehlte an der Nötigung.» Bei uns wird immer ausgiebig genötigt, man sieht sich irgendwann von Schüsseln mit Resten umstellt, die man essen soll, obwohl man satt ist.

«Laß mal, das können wir doch morgen essen», sagt mein Vater.

«Da gibt es aber was anderes.»

«Dann kriegen es die Hühner.»

«Und ich dachte, es reicht nicht!»

«Ich könnte ja noch, aber ich will nicht», sage ich.

«Gestern hat es nicht gereicht.»

«Dann machen wir das eben zum Abendbrot warm.»

«Das lohnt sich doch nicht, nun iß mal.»

«Ich will aber selbst entscheiden dürfen, wann ich genug habe.»

«Und ich dachte, es reicht nicht.»

Meine Eltern werfen kein Essen weg, es wird alles noch verwertet. Wenn ich bei ihnen bin, sortiere ich immer erst einmal verschimmelte Brotkanten aus, aber ohne daß sie es merken, sonst würden sie die noch irgendwie zurechtschneiden. Saure Milch existiert praktisch nicht, die schmeckt eben nur ein bißchen anders als frische. Mein Vater hat früher das Fett aus Milchtüten gekratzt. Verfallsdaten spielen sowieso keine Rolle. Meine Oma hat zu ihrer Hochzeit sogar vergammeltes Fleisch mit Kaliumpermanganat abgerieben, bis es zumindest nicht mehr giftig war. Vom Geschmack her ist es ohnehin egal, weil sie alles so stark salzen.

«Die Haferflocken sind leider ziemlich salzig.»

«Ich hab aber nur einen Löffel Salz rangemacht.»

«Du mußt *gar kein* Salz ranmachen.»

«Aber man braucht täglich Salz.»

«Aber das ist ja schon in der Gemüsebrühe drin, die du überall dazutust.»

«Weil die Nudeln sonst nicht schmecken.»

«Mir schon.»

«Wart mal ab, wenn dich deine Kinder immer kritisieren.»

In meiner Kindheit dachte ich, es gäbe nur eine sehr übersichtliche Anzahl von Gerichten:

– Nudelauflauf mit Dosengemüse, mit einem Becher süßer Sahne übergossen und zentimeterdick mit Käse überbacken

- Hühnerfrikassee mit Champignons aus dem Glas
- Reissalat mit Käsewürfeln
- Rosenkohl mit Béchamelsauce
- Kartoffelpuffer mit Apfelmus
(Und zum Abendbrot aufgebratene Nudeln mit Zucker und Zimt.)

Alles, wovon ich träumte, Fondue, Schaschlik, Scheibletten, Käpt'n-Iglo-Fischstäbchen, Hefeklöße, Schnitzel, Pommes, Flambiertes, Salzcracker, Pilzpfanne, Hirschrücken, Zwiebli-Tubenzwiebelwürfel von Thomy («Zwiebeln ohne Tränen»), Paradiescreme, Ketchup, Gänsebraten mit Klößen, Eisbombe, Krabbencocktail, Unox Heiße Tasse, gab es nur zu Weihnachten oder im Fernsehen. Meine Mutter sagte dann: «Ihr könnt euch *gerne* am Fleischstand anstellen!» Aber ich wollte mich nicht am Fleischstand anstellen, denn ich hätte sowieso nicht gewußt, worauf man dort zeigen mußte. Die Frauen am Fleischstand mit ihren dicken, rosigen Unterarmen warfen immer so begehrliche Blicke auf meine zarten Kinderfingerchen, wenn sie das schwere Fleischerbeil in ein Kälberrückgrat jagten. Es lagen allerhand blutige Fleischbatzen hinter der Theke, Sachen mit Knochen, Sachen mit weißen Schichten drin, Sachen, die zugeschnitten werden mußten, manche sogar in Einzelteile zerhackt. Aber was davon vom Rind oder vom Schwein war oder gar vom Lamm, das wußte ich nicht. Nackensteak, Kammfleisch, Wellfleisch, Geschnetzeltes, Filet, Mischhack, das würde ich als Erwachsener alles lernen müssen. Und dann gab es ja auch noch das Rumpsteak. Um das zu bekommen, mußte man rumstehen. Beim Fleischer rumstehen, beim Bäcker Rumkugeln und im Museum Bilder von «Rumms».

Nach der Wende füllte sich der Kühlschrank meiner Eltern

mit bitterer Orangenmarmelade, Blaubeerjoghurt, Hagebuttenmarmelade, gefüllten Oliven, Zazikisalat, neuseeländischem Straußenfleisch, Serrano-Schinken, es gab Vinschgauer, Fleur de Sel aus der Camargue, Äpfel aus Tirol und Wein aus Grönland. Aber irgendwann vermißte ich unser Hühnerfrikassee und das Jägerschnitzel mit Spirelli und Tomatensauce. Natürlich mit panierter Jagdwurst und nicht mit Schnitzelfleisch.

Weil ich erwachsen bin, nehme ich mir immer nur so viel, wie ich schaffe. Die Kinder nehmen sich immer so viel, daß die anderen möglichst weniger bekommen, und dann schaffen sie es nicht, auch nicht, wenn alles in Ketchup ersäuft. «Wer hat denn da schon wieder so viel übriggelassen?», sagt mein Vater dann beim Abwaschen. «Wer hat denn da sein halbes Glas Wasser nicht ausgetrunken?» «Der schöne Apfelmus.» (Seit einer Weile sagt mein Vater als einziger Mensch auf der Welt «der Apfelmus» statt «das Apfelmus» und behauptet, das schon immer getan zu haben. Er sagt auch «der PC» statt «der Computer» und «Ah-ta» statt «Ata», was angeblich mit den deutschen Lautgesetzen zu tun hat, zunehmend wird auch wieder von «Mark» statt von «Euro» gesprochen, und auch vom «Grammophon» ist manchmal wieder die Rede.)

Meine Eltern haben Angst vor unaufgegessenem Essen, vielleicht denken sie, es könnte uns beim anderen Essen verpetzen, so daß kein Essen mehr zu uns kommen will.

Oder weil von unaufgegessenem Essen das Wetter schlecht wird.

Oder weil unaufgegessenes Essen einem nachläuft.

Ich lebte in zwei Welten: Bei der Schulspeisung landete das Essen manchmal mitsamt Alubesteck direkt in der Tonne.

Man sollte Kinder nicht mit Erziehungsversuchen behelligen, das Komische ist ja, daß man jahrelang erfolglos versucht, ihnen etwas beizubringen, was sie später als Erwachsene sowieso ganz von selbst richtig machen. Alles, was mir als Kind nicht geschmeckt hat, Quark, Spargel, Käse (Roquefort!), Auberginen, Erbsen, Linsen, Bohnen, Datteln, Feigen, Mayonnaise, warme Milch, Haferflocken, Mohrrübensaft, Graupensuppe, Kohlrabisuppe, Anchovispaste, Eintopf, Milchnudeln, Griebenschmalz, Letscho, Bierschinken, Spritzkuchen, Radieschen, Lakritze, Bier, Bitterschokolade, Wein, Wirsingkohl, Spinat, Mohnkuchen, Marzipan, Paprika, Sülze, Rosenkohl, esse ich heute sehr gerne. (Außer Lakritze.)

Manchmal habe ich nichts zu essen im Haus und keine Lust, einkaufen zu gehen. Diese immer gleichen Bewegungsabläufe und Denkvorgänge. Ich bin ja leider gegen Konsumeuphorie immun, und es bräuchte eine millionenschwere Werbekampagne, um mich dazu zu bewegen, irgendeinen neuen Brotaufstrich im Regal *auch nur zu bemerken*. Der Anblick dieser riesigen Auswahl ermüdet mich so, daß ich mich am liebsten mit in die Feinkosttruhe legen würde. Ich weiß es ja schon vorher: Zu Hause koste ich einmal von dem neuartigen Zeug in der pfiffigen Verpackung, und am nächsten Tag befindet es sich schon in diesem Schwebezustand, wahrscheinlich ist es noch gut, aber probieren wäre mir zu riskant, weshalb ich es stehenlasse, bis es eindeutig verschimmelt ist und ich es wegwerfen kann. Es langweilt mich, dieses aufdringlich bunte Zeug in den Wagen zu schaufeln, wenn ich doch eigentlich viel lieber eine Schnittlauchstulle möchte, aber mit echtem, selbstgezogenem Schnittlauch vom Dorf und mit dem Brot meiner Jugend, das so gut geschmeckt hat, daß man schon auf dem Weg von der Kaufhalle nach Hause die halbe Kruste abgepult hat. Das kann sich heute gar keiner mehr vorstellen, wie Brot früher geschmeckt hat, man roch es kilometerweit, ich habe oft auf jeden Belag verzichtet, um den Geschmack nicht zu verfälschen, eine daumendicke Schicht Butter war alles, was ich zur Verfeinerung brauchte. Weil ich so ungern einkaufe, muß ich mich manchmal tagelang von meinen Vorräten ernähren, und wie bei der Zahnpasta, aus der immer noch etwas rauskommt, selbst wenn sie leer ist, wie bei den Hosentaschen, in denen sich einfach immer noch irgendwo eine Ein-Euro-Münze für den Korb findet, wie bei den Brusthaaren, von denen man bei jedem Griff hinein immer ein paar erntet, so ist es auch mit der Wohnung, man *kann* in einer modernen Wohnung gar nicht verhungern, es findet sich immer noch etwas zu essen.

Ich muß nur im Krümelfach des Toasters nachsehen, das habe ich das letzte Mal vor Jahren geleert, als der Toaster wegen der vielen Krümel Feuer gefangen hatte. Was sich da an Krümeln findet, reicht immer für eine Brotsuppe oder einen ganzen Semmelpudding, wenn man es mit Wasser ansetzt und um die Krümel von unter der Wachsdecke ergänzt.

Das Eisfach des Kühlschranks mache ich normalerweise nie auf, weil es zugewachsen ist und die Klappe festklebt. Aber wenn man es abtaut, entdeckt man manchmal eine Packung Gefrierspinat und dahinter einen angefangenen Becher Speiseeis, die sind ja immer viel zu groß.

Wenn man Kinder hat, gibt es eigentlich immer Süßigkeiten in der Wohnung, entweder in ihren verschiedenen Verstecken oder in den eigenen, in denen man die opulenten Süßigkeitenmischungen mit den seltsam unvertrauten No-Name-Namen verschwinden läßt, die von den Großeltern stammen. Es ist auch viel besser, wenn man überlagerte Gummibärchen lutscht, weil die so hart sind, daß man für jedes eine Weile braucht, während man neue sofort runterschluckt. Man kann auch an der Nudelkette knabbern, die das Kind damals im Kindergarten gebastelt hat.

Es lohnt sich immer, in der Schultasche nachzugucken, vor allem am Wochenende, da ist oft noch das Essen vom Freitag drin. Wenn man Glück hat, war das Kind am Freitagmorgen bei der Mutter, dann gibt es vielleicht sogar eine Cherrytomate oder eine Stulle mit frischen Radieschen. Das geht natürlich nur, wenn man getrennt lebt.

In diesen Hängekörben aus Draht, die mal Ordnung beim Obst schaffen sollten, findet sich eine ganze Banane, die ich erst übersehen hatte, weil sie schwarz ist, aber das heißt gar nichts, heutige Bananen vergammeln nur noch äußerlich, innen schmecken sie ganz normal. Und selbst, wenn sie schon braun sind, ändert das höchstens etwas am Geschmack. Unter der Banane verbirgt sich auch noch eine Zwiebel, die kann man anbraten, vielleicht mit den Brotkrümeln aus dem Toaster. Die Knoblauchzehen lösen sich ja komischerweise immer mit der Zeit in Luft auf, da bleibt nur die Hülle, wie bei Raupen, die sich verpuppen. Noch mehr Brotkrümel findet man übrigens häufig im Bett. («Wer nie sein Brot im Bette aß, weiß nicht, wie Krümel pieken.») Aber ich habe ja ein Doppelbett und kann die Krümel immer auf die andere Seite fegen. Und in meiner DDR-Schublade liegt noch der «Atomkeks», ein Kekskomprimat in einem Metallbehälter, vom VEB Wikana, Süß- und Dauerbackwarenfabrik Wittenberg Lutherstadt, die eiserne Ration, die ich beim NVA-Dienst geklaut habe. Der Keks ist zwar seit dreißig Jahren abgelaufen, aber er hätte ja sicher auch schon vorher nicht geschmeckt.

Man kann wohl auch Tapete essen, weil im Kleister Stärke ist, aber das habe ich gar nicht nötig, weil sich meistens noch eine Kartoffel findet, die in die Kiste mit den Pfandflaschen gekullert ist, ich gebe sie nur alle paar Jahre ab.

In der Winterjacke mit dem Loch in der Tasche sind noch Kaugummis und ein paar Fisherman's, die rutschen immer ins Futter.

Fleisch ist schwieriger aufzutreiben, aber am Fahrradlenker klebt ein bißchen Rotkohl und mit etwas Glück am Schutzblech ein Schnipsel vom letzten Döner.

Am Ende bleibt manchmal allerdings auch mir nichts übrig, als doch wieder meine Eltern zu besuchen, bei denen ich wie eine Made bin, die keine andere Funktion hat als zu fressen. Hatte ich als Kind noch den Ehrgeiz, etwas Besonderes im Leben zu erreichen, etwa die Regierungen des Ostblocks zu stürzen oder alle unvollendeten Symphonien zu Ende zu komponieren, so weiß ich heute, daß das alles nur für kurze Zeit Spaß machen würde und man sich bald, nachdem man alle Regierungen gestürzt hätte, wieder langweilen würde. Meine Mutter fragt mich, ob ich Bohnen und Kartoffeln oder auch ein Würstchen will. Ich versuche dann immer, wie bei Burger King, so zu antworten, daß ich ein Minimum an Zusatzfragen gestellt bekomme: «Mach einfach, was dir am wenigsten Mühe macht, Mutti.»

«Also kein Würstchen?»

«Doch, eins.»

«Eins oder zwei?»

«Zwei.»

«Dann muß ich noch mal einkaufen gehen.»

«Dann nur eins.»

«Du kannst aber auch zwei haben.»

«Aber wenn du dann extra einkaufen mußt?»

«Ach, ich bin's gewohnt, euch zu bedienen.»

Während ich mit meinem Vater Fußball gucke, guckt meine Mutter im anderen Zimmer Eiskunstlauf. Sie schafft es irgendwie immer, genau dann rüberzukommen, um etwas zu sagen, wenn im Spiel gerade etwas Spannendes passiert. Da die meisten Fußballspiele aber langweilig sind, bleibt das ein ewiges Paradox. Es erinnert mich an die Karikatur von Henry Büttner, in der ein Mann seiner Frau eine Art vergitterten Laufgang wie für Tiger gebaut hat, durch den sie auf Knien robben muß, wenn sie am Fernseher vorbei will. Meine Mutter hat sich abgewöhnt, darauf zu warten, daß man ihr zuhört, wenn sie etwas sagen will, sie kommt schon redend herein. Deshalb haben sich alle anderen angewöhnt, nicht hinzuhören. Später streiten sich meine Eltern dann, ob sie etwas gar nicht gesagt oder ob mein Vater es überhört hat. Ich denke, es stimmt beides: Sie hat es nicht gesagt, und er hat nicht hingehört.

Im Nebenzimmer guckt meine Mutter Eiskunstlauf und ärgert sich, daß «die kleinen Chinesen» neuerdings alles gewinnen. Die guckten immer so ernst, sagt meine Mutter, das sei nur Athletik bei denen. Die sprängen zwar alles vierfach, aber sie gäben sich mit dem Drumherum keine Mühe, obwohl es doch Eis*kunst*lauf heiße. Wir gucken seit vierzig Jahren Eiskunstlauf, können aber ohne Hilfe des Moderators keinen Rittberger von einem Salchow oder einem doppelten Lutz unterscheiden. Mich fasziniert noch immer, daß die Läufer rückwärts nicht an die Bande prallen, sondern kurz vorher die Richtung wechseln. Ich vermute, daß sie sich auf der großen Leinwand in der Arena selbst beobachten. Meine Mutter hat festgestellt, daß die Amerikaner seit neuestem häufig deutsche Namen haben. Sie denkt, das liege daran, daß die Nachkommen der deutschen Einwanderer wieder «in die Städte drängen», wie sie das nennt. Ich sage, daß Eiskunstlauf wahrscheinlich eher ein Sport für die Mittelschicht ist. Sie sagt: «Ja, aber Sandra Bullock war in München auf einer Waldorfschule», als wäre das irgendein Argument. «Na eben, sag ich doch», antworte ich. «Und der mit dem italienischen Namen, Caprioti oder so, hat eine deutsche Großmutter», legt sie nach. Das hat zwar im engeren Sinne nichts mit unserem Thema zu tun, aber meine Mutter führt Gespräche in Gedanken einfach weiter und teilt einem dann etwas mit, was erst viel später gesagt worden wäre oder was sich auf etwas bezieht, das jemand anders vor ein paar Wochen gesagt hat.

Nach dem Ende der Eiskunstlaufübertragung kommt meine Mutter zu uns, um uns während des Elfmeterschießens das Ergebnis zu verkünden: «Das kanadische Paar ist zu Unrecht auf dem dritten Platz.»

«Zu Unrecht, weil sie zu hoch bewertet sind oder zu tief?», fragt mein Vater.

«Und die Chinesen haben wieder so ernst geguckt.»

«Zu hoch bewertet oder zu tief?», fragt mein Vater noch einmal.

«Nein, die waren zu Recht Zweite.»

«Warum zu Unrecht bewertet, das skandinavische Paar?», fragt mein Vater und wird langsam ärgerlich.

«Nicht skandinavisch, kanadisch», sagt meine Mutter, als sei das eine Antwort. Und zu mir sagt sie: «Willst du die Würstchen gebraten oder gekocht?»

«Wie's dir bequem ist.»

«Mir macht es nichts aus.»

«Na dann gebraten.»

«Und lieber Bratkartoffeln oder gekochte?»

«Bratkartoffeln.»

«Dann muß ich aber erst Kartoffeln kochen.»

Das Abschiedsgespräch ist dann immer meinen Stullen gewidmet. «Wie viele Stullen soll ich machen? Drei oder vier?»

«Drei.»

«Also drei Stullen oder drei doppelte?»

Das kann ich nicht beantworten, weil ich nicht weiß, was sie mit «doppelt» meint. Wir haben uns bis heute nicht auf eine Klappstullenterminologie einigen können.

«Und ein Säftchen?»

«Ja, eins.»

«Oder lieber zwei?»

«Dann zwei.»

«Beide Apfelsaft oder eins von jedem?»

«Was ist denn das andere?»

«Orangensaft, aber ich weiß nicht, ob noch welcher da ist.»

«Dann Apfelsaft.»

«Na, gut, daß ich so viel Apfelsaft gekauft habe.»

Wir gucken gerne «Seinfeld», die Lieblingsfigur meiner Mutter ist die Mutter von George. Eigentlich sind in allen Serien die Mütter ihre Lieblingsfiguren. Ihre Lieblingsserie ist «Roseanne». Und bei «Sopranos» spult sie bei Gewaltszenen vor, begeistert sich aber für die Mutter von Tony Soprano, die einen Killer auf ihn ansetzt, weil er sie ins Altersheim stecken will. Meine Lieblingsfigur bei «Seinfeld» ist George, und bei «King of Queens», der Serie mit dem «kleinen Lastwagenfahrer», wo meine Mutter nicht versteht, daß der so dick ist und trotzdem so eine hübsche Frau hat, ist der aufbrausende, leicht senile Schwiegervater Arthur mein Favorit. Ich identifiziere mich also mit sozial unverträglichen Männern, meine Mutter mit ihren Müttern. Vielleicht ist sie ja deshalb Mutter geworden, und ich Sohn, das paßt schon gut zusammen.

Dies alles schreibe ich, während ich in der Wohnung meiner Eltern auf dem Klo sitze, dem einzigen Raum, in dem keine Bücher stehen, sondern nur drei Dutzend Putzmittelsorten. Zu jeder Verschmutzung gibt es ein passendes Putzmittel, man muß sie nur einander zuzuordnen wissen, sogar Kalbsleder-reinigungsmittel ist vorrätig (obwohl ich bei ihnen nie Kalbs-leder gesehen habe). Nur auf dem Klo finde ich in der Wohnung meiner Eltern ein bißchen zu mir.

«Ist wer auf'm Klo?», fragt meine Mutter. Dabei sieht man das an der roten Farbe, die von außen anzeigt, daß jemand die Tür verriegelt hat. Sie rüttelt an der Tür. «Ist wer auf'm Klo?», fragt sie, obwohl die Tür zu ist.

«Ja!»

«Na, laß dich nicht stören.»

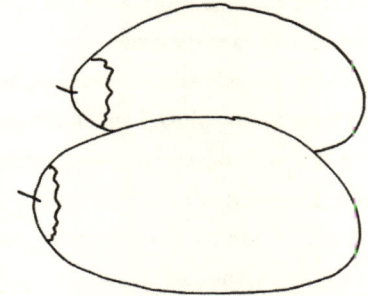

AUBERGINE UND UNTERGINE

Und nicht den Eierlikör ans Fenster schmieren

Ich soll den Fernseher waschen? Das Pferd verarschen? Den Herd zerhacken? Wirklich? Oder habe ich mich verhört? Ich weiß, daß ich irgend etwas Bestimmtes tun soll, weil meine Freundin es mir vor dem Gehen gesagt hat, aber ich habe es sofort wieder vergessen. Das Huhn kastrieren? Wir haben doch gar kein Huhn. Mit dem Hund spazieren? Aber einen Hund haben wir doch auch nicht. Eigentlich habe ich es nicht vergessen, dazu müßte ich es mir ja erst einmal gemerkt haben. Aber wenn sie mir etwas sagt, das ich mir merken soll, bekomme ich sofort so eine Art Prüfungsangst, weil ich schon bei den ersten Sätzen den Anschluß verloren habe und nur noch verängstigt in ihre Augen starre, während ich mich auf ihre Worte zu konzentrieren versuche. Ich kann dann nicht mehr darauf achten, was sie sagt, weil ich es so komisch finde, daß sie «Maknete» sagt statt «Magnete» und «Mütze aufziehen» statt «aufsetzen», sie stammt ja aus fernen Regionen. Außerdem hab ich gerade darüber nachgedacht, wer die letzten fünf Trainer des HSV waren. Mit so etwas verbringe ich innerlich meine Zeit, während ich äußerlich keine habe. Ich werde aus ihrem Kauderwelsch nicht schlau. Ich soll die Bananen aus dem Keller holen? Das Wetter abbestellen? Ein Gläschen warm machen? Was denn für ein Gläschen? Mit Gemüsebrei drin? Gibt es denn so was? Oder meint sie das Zeug, das Fritzchen immer ißt? Wo stehen denn die Gläschen? Ach in der Kommode, das sind die, die er immer rausräumt. Die wasche ich doch dauernd ab, hat mich schon gewundert, wo die alle herkommen. Und so eins soll ich warm machen? Warum denn? Und wann? Hat sie gesagt zum Mittag? Ich konnte mich einfach nicht auf ihre Worte konzentrieren, weil ich total blockiert bin, wenn ich mir etwas merken soll, es prasseln dann immer so langweilige Informationen auf einen ein, manchmal zwei bis drei hintereinander. Normalerweise schalte ich auf Durchzug, wenn wer etwas Langweiliges erzählt. Ich gucke dann besorgt, das wirkt, als würde ich zuhören. Aber das klappt bei ihr nicht, weil sie mich hinterher abfragt. Den Windelsack in den Müll? Der paßt doch da gar nicht rein. Oder meint sie nicht unseren Mülleimer, sondern den auf dem Hof? Hat sie gesagt, wann sie wiederkommt? Gegen fünf? Oder sollte ich fünf Äpfel kaufen? Während ich das Gläschen warm mache? Und seine Vitamintablette nicht vergessen. Und wenn der Po rot ist, eincremen. Das ist ja eklig. Wo ist sie überhaupt hin? Ich muß ja nachher fragen, wie es war, und dann weiß ich wieder nicht, wovon sie redet, und kann nicht die richtige Art Gefühl zeigen. Ein Bewerbungsgespräch? Eine Yogastunde? Oder war sie beim Zahnarzt? Sie hat es mir auf jeden Fall gesagt, aber ich habe es sofort mit gestern oder letzter Woche verwechselt, wo sie etwas ganz Ähnliches gemacht hat, was ich aber auch nicht mehr weiß. «Wie war es da, wo du gerade warst? Hat es Spaß gemacht, oder hat es weh getan?» Ich komme einfach nicht drauf, was ich machen sollte. Geh einmal ums Haus und kauf fünf Liter Ketchup, aber zieh Fritzchen seinen Taucheranzug an, wenn er Hunger bekommt. Das ergibt doch gar keinen Sinn?! Hätte ich lieber gleich nachgefragt, *einmal* darf man bei ihr nachfragen, auch wenn sie es nicht mag, aber zumindest *das* gesteht sie mir zu. Letzte Woche sollte ich den Teppich zum Reisebüro bringen und einen Dalmatiner erschlagen, wenn es bei REWE keine Auberginen gibt. Am Ende stellte sich heraus, daß ich eigentlich auf den Klempner warten sollte wegen der Gastherme. Selbst wenn ich mir das hundertmal aufschreiben würde, könnte ich den Sinn dieser Worte nicht begreifen, so langweilig klingt es. So ein Satz ist wie eine Werbepause vor dem Elfmeterschießen, wie die Zeit, die der BVG-Automat braucht, um die Fahrscheine zu drucken, wie das Hochfahren des Rechners, das Buffern eines YouTube-Videos, die Weihnachtspredigt des Pfarrers, wenn man auf die Bescherung wartet, die einzige Rettung ist, ihn gleich wieder zu vergessen. Mein Geist erstarrt von so einem Satz, er will dann aus meinem eigenen Kopf fliehen. Und meine Freundin sagt ständig solche Sachen zu mir, wenn sie es wenigstens *rappen* würde. Da ist sie ja. Wie war es beim Thaiboxen? Ach, beim Friseur? Und, bist du drangekommen? Was? Wieso, die waren doch schon immer braun. Ach, das ist schwarz? Ja, nein, war alles friedlich. Was? In die Badewanne? Bist du dir sicher? Kann ich mich nicht erinnern. Kann er ja morgen. Aber vielleicht irrst du dich ja *auch* mal? Na, ich hab ihm saure Drops eingeführt. Doch, hast du gesagt. Ja, hat mich ja auch gewundert.

Sprung nach unten

Alle, denen ich von meinem Vorhaben erzähle, heben besorgt die Augenbrauen. Auf jeden Fall müsse ich die Beine zusammenhalten, denn das Wasser sei beim Aufprall hart wie Beton. Ich dürfe nicht runtergucken, sonst bekäme ich zuviel Angst. Man zweifele von da oben, ob man überhaupt das Becken treffe. Es sei weniger schlimm, wenn das Wasser im Becken dunkel sei. Beim Eintauchen dürfe ich mich nicht mit den Händen abstützen, das wichtigste sei die Körperspannung, ich solle unterwegs mit den Armen wedeln, um senkrecht zu bleiben. Ich lese von Steißbeinprellungen, Rippenbrüchen, Zwerchfellriß. Muß ich das riskieren?

Ich habe Schwimmbäder immer gemieden. Dieses Umziehen vor schmalen Armeespinden, bei dem man nasse Socken bekam, wenn man in eine Wasserlache trat, Schlüsselbändchen, die man im Becken verlor, nicht zu vergessen der schneidend-scharfe Strahl der Fußpilzdusche (gibt es die noch?). Die Badehose blies sich immer so peinlich auf, wenn man aus dem Wasser stieg, einmal trug ich deshalb eine Turnhose darüber. Der Bademeister packte mich am Arm, zog an meinem Hosenbund, um hineinzugucken, und verlangte, daß ich die Turnhose auszog. Das Wasser war mir zu kalt, der Chlorgeruch zu beißend, der Beckenrand zu hart, ich hatte Angst, vom Ausguß angesaugt zu werden und unbemerkt zu ertrinken, beim Springen fühlte es sich an, als bekäme ich durch die Nase Wasser ins Gehirn, und ständig detonierten direkt neben einem die Arschbomben fetter Jugendlicher, die hier einmal im Leben körperlich im Vorteil waren. Ich habe Schwimmbäder immer gemieden, was treibt mich dann in einem verregneten Sommer vormittags ins Berliner Olympiabad? Ist es Neugier? Ehrgeiz? Langeweile? Ich habe mir vorgenommen, eine alte Rechnung zu begleichen, denn ich bin noch nie vom Zehn-Meter-Turm gesprungen. Beim Einschlafen stelle ich mir ja oft vor, wie ich mich bei einem Flugzeugabsturz rette, indem ich im Fallen den nächsten See ansteuere, um dann senkrecht einzutauchen. Zehn Meter scheinen dagegen überschaubar, obwohl das beim Weitsprung schon Weltrekord wäre, der bisherige liegt bei 8,95 Meter (offenbar haben sie auch da Angst vor der Distanz). Ich habe mir tagelang Fotos von Sprungtürmen angesehen und überlegt, wie es sich anfühlt, von dort oben ins Wasser zu springen. Vor Ort wirkte das Becken riesig, der Turm von unten dagegen gar nicht so hoch, könnte man von dort nicht auch ohne Wasser sicher landen? Offenbar mußte ich tatsächlich springen, sonst würde ich die Wahrheit nie erfahren.

Ich fühlte mich unter Druck, wie mit fünf Jahren, als ich im Weihnachtsgottesdienst ein Gedicht aufsagen sollte. (Dafür bekam ich einen Flitzbogen aus Glasfiber, mit Korkgriff.) Oder wie bei der Nachtwanderung im Ferienlager, als wir einen Kilometer allein gehen mußten und unterwegs im Unterholz Gespenster stöhnten. Oder wie in der Tanzschule, als ich ein Mädchen aufforderte, um keines vom Lehrer zugeteilt zu bekommen. Wie mit dreizehn, als ich beim Friseur einen «Popperschnitt» verlangte und damit am nächsten Tag in der Schule erscheinen mußte. Wie damals, als nachts die Hühner gackerten, weil ich die Klappe ihres Stalls aufgelassen hatte und mit der Taschenlampe nachsehen mußte, was der Marder angerichtet hatte.

Für die Welt hätte es nichts bedeutet, wenn ich das alles nie getan hätte. Warum muß man sich im Leben immer wieder überwinden? Konnte ich nicht sein wie Oblomow, der Held des Romans, den ich gerade las, und der die meiste Zeit auf dem Sofa döste: «Oblomow war ein vollkommenes Abbild und ein Ausdruck der Ruhe, des Behagens, der friedlichen Stille.»

Bis zuletzt hoffte ich, das Wetter würde mir einen Strich durch die Rechnung machen. In diesem Sommer regnete es so oft, daß ich mein Vorhaben immer wieder verschieben mußte. Dann mußte ich zwei Wochen nach Kasachstan fliegen. Danach erkältete ich mich schwer, ein Reizhusten hielt mich nächtelang wach, eine gute Ausrede. In der Zwischenzeit sah ich mir ein Video über die Brückenspringer von Mostar an, die sich für Geld mehrmals am Tag fünfundzwanzig Meter in die Tiefe stürzen. Ab fünfundvierzig sei das zu ungesund für die Gelenke, sagte einer. Ich mußte mich also beeilen.

Als eines Morgens dann doch einmal die Sonne scheint, packe ich meine Tasche, mit einem mulmigen Gefühl, als würde ich zur Armee eingezogen. Bei einem Freibadbesuch muß man immer an so viel denken: Badelatschen, Badehose, zwei Handtücher, Lesestoff, Fotoapparat, Sonnencreme, ein Ein-Euro-Stück, die Chipkarte der Krankenversicherung, Fahrkarten (das Vorhängeschloß für den Spind in der Umkleidekabine vergesse ich natürlich). Der S-Bahn-Verkehr ist wegen eines Bombenfunds unterbrochen. Es erfordert sicher mehr Mut, eine Bombe zu entschärfen, als vom Zehn-Meter-Turm zu springen. Wobei man, um Mut zu haben, ja erst einmal Angst haben muß. Völlige Angstfreiheit zeichnet Psychopathen aus, weshalb man Menschen, die charakterlich in diese Richtung tendieren, oft in leitenden Positionen in Wirtschaft und Politik findet, hatte ich einmal gelesen. Respekt habe ich eher vor Bettlern, ich hoffe, ich muß nie den Mut aufbringen, mir so mein Geld zu verdienen. Wenn ich ehrlich bin, dann mußte ich in meinem Leben sicher öfter meine Trägheit überwinden als meine Angst.

Im Umkleidebereich des Olympiabads gibt es, schwimmbadtypisch, sofort diese vielen Verbotsschilder zu lesen: «… ist nicht gestattet!» Ein Anschlag informiert: «Aus personaltechnischen Gründen wird im Damen- und Herren-Umkleidebereich weibliches und männliches Personal eingesetzt.» Bevor man aus den Umkleidekabinen ins Freie tritt, muß man durch ein flaches Becken mit kaltem Wasser waten, als würden einem die Hufe desinfiziert. Die Gestalter der historischen Anlage hatten es mit der Symmetrie. Es gibt ein Planschbecken (ohne Schatten), eine Liegewiese, eine Wasserrutsche, einen «Snackpoint» mit Pommes und Cola.

Am Drei-Meter-Brett des Sprungturms drängen sich kleine Jungs. Die nächsten Höhen sind mit rot-weißen Ketten abgesperrt. Ist Berlin so pleite, daß es für die Sprungtürme nicht mehr reicht? Ich weiß nicht, ob ich enttäuscht oder erleichtert bin. Ich stelle mich erst einmal am Ein-Meter-Brett an. Der Junge vor mir, zehn Prozent Körperfettanteil, hüpft lange auf und ab wie auf einem Trampolin und macht dann einen Sprung mit mehreren Schrauben und Salti. Ich lande irgendwie halb auf dem Bauch, die Oberschenkel schmerzen. Vom Drei-Meter-Brett springe ich senkrecht runter, um das mit der Körperspannung zu üben. Der Moment des Verschwindens im Wasser ist schön, viel zu schnell geht es wieder nach oben. Man denkt unweigerlich: «Hier können sie mich lange suchen.»

Kann ich nicht einfach dreimal vom Drei-Meter-Brett springen? Oder zehnmal vom Ein-Meter-Brett? Der Bademeister öffnet die Fünf-Meter-Plattform. Ich stelle mich hinter die Jungs, man kennt sich schon ein bißchen, sie gehen in die sechste Klasse. Sie diskutieren aufgeregt, wie sie springen werden, vorwärts, rückwärts, «Körper» (wie sie «Köpper» aussprechen). Einer springt immer einen Rückwärtssalto. «Nächste Sommerferien springe ich vom Zehner», sagt ein Mädchen. Angeblich gibt es eine wissenschaftliche Studie, daß heutige Kinder keine 360°-Drehung mehr schaffen, ohne umzufallen (über so etwas rede ich mit anderen Eltern auf dem Spielplatz). Wenn ich das hier sehe, halte ich solche Behauptungen für Alarmismus. Als ich dran bin, mache ich einen Schritt ins Leere und zische nach unten. Beim Aufprall zeckt es an den Fußsohlen, ich hatte vergessen, sie spitz zu machen. Die Hälfte ist geschafft. Jetzt wird der Sieben-Meter-Turm geöffnet. «Wenn du springst, ich schwöre auf alles, ich spring!», sagt ein Junge.

«Spring vor mir, dann hab ich Motivation, wenn meine Freunde springen», sagt ein anderer.

Wie gut, daß ich kein kleiner Junge mehr bin, der sich Risiken aussetzen muß, um sein Selbstwertgefühl zu stärken. Ich habe mir kürzlich sogar eine gelbe Warnweste fürs Fahrradfahren gekauft. Wirklich mutig ist es ja, dem Gruppendruck als einziger standzuhalten. Oder sich eine eigene Meinung zu trauen. Oder in einer Kleinstadt mit fünfzehn sein Comingout zu haben. Die Oberlippe reißt es mir beim Aufprall hoch, niemand hatte mich gewarnt, daß man den Mund geschlossen halten muß.

Ich frage den Bademeister am Beckenrand, dessen braune, zerknitterte Haut aussieht, als nehme er seit Jahren ein Sonnenbad, warum hier fast nur Kinder springen würden. Er sagt, die Kleinen hätten noch nicht so viel Angst. Ich dachte immer, das sei umgekehrt? Nein, Angst hat man, wenn man ein Bewußtsein für die Konsequenzen hat, das nimmt natürlich im Alter zu.

«Die sind ja auch sechs Wochen lang jeden Tag da», sagt der Bademeister noch.

Inzwischen haben sich Zuschauer am Geländer hinter uns versammelt, das den Vorplatz des Olympiastadions vom Schwimmbad abtrennt. Eine Schulklasse auf Klassenfahrt, die Jungs mit den aktuellen Fußballerfrisuren, die Mädchen eher Bachelorette-Style, sie machen sich über meine mutigen kleinen Freunde lustig. Wenn einer nur Kerze springt, heißt es: «Langweilig.»

«Deine Geburt war langweilig!»

«Hahaha ...»

«Geh doch nach Hause! Wenn du eins hast!»

Ich bin froh, daß mich keiner beachtet, trotz meiner altmodischen Badehose (ich schaffe mir ungern etwas zweimal im Leben an). Als Kind hatte ich immer Angst vor älteren Jugendlichen und jetzt vor jüngeren, weil ich nicht schlagfertig bin. Ich habe mir für den Fall der Fälle einen Spruch zurechtgelegt: «Deine Mutter findet bei Memory das letzte Pärchen nicht», aber glücklicherweise mußte ich zu diesem Mittel bisher noch nicht greifen.

«Komm doch her!», ruft einer meiner Jungs den Schülern zu.

«Komm du doch her! Hahaha ... Warum nicht vom Zehner?»

«Ich hab deine Mutter zehnmal gegangbangt!»

Inzwischen ist die Kette, die den Zehn-Meter-Turm absperrt, geöffnet worden, und ich steige die Leiter hoch, vorsichtig, es geht ja nur barfuß, und ich habe Angst, auszurutschen. Oder zieht man seine Badelatschen erst oben aus und wirft sie ins Wasser, bevor man selber springt? Dann bin ich tatsächlich oben, obwohl ich lieber noch weiter Leitern hochgestiegen wäre, denn jetzt rückt der Moment immer näher. Auf der Plattform herrscht eine aufgeregte Stimmung. Für einen kurzen Moment sind wir die Elite Berlins, sofern wir nicht versagen. Manche lassen andere vor, weil sie noch zögern. Einer der Jungs gibt allen die Hand, weil er sich vorsorglich aus dem Leben verabschiedet. «War schön, Sie kennengelernt zu haben», sagt er zu mir. Dann ist er weg, wieder mit Rückwärtssalto. Vielleicht fällt man in diesem Alter nicht so schnell, weil man leichter ist? Aber das ist physikalisch Unsinn, die Fallgeschwindigkeit hat nur mit dem Luftwiderstand zu tun. Springt man vom Zehn-Meter-Turm, ist man beim Aufprall nach 1,4 Sekunden fünfzig Kilometer pro Stunde schnell.

Ich beuge mich über das Geländer und gucke runter, ob noch Wasser im Becken ist und ob der vor mir schon weggeschwommen ist. Ich habe ja eigentlich schreckliche Höhenangst. In meiner Kindheit war die Geschichte von einem vierjährigen Mädchen aus Magdeburg ein kollektiver Mythos, das, als die Mutter kurz einkaufen ging, aus dem Fenster gefallen ist, zweiundzwanzig Meter tief, und von einem zufällig vorbeilaufenden russischen Offizier in seinem Mantel aufgefangen wurde. In Magdeburg steht bis heute ein Denkmal, das an diesen Vorfall erinnert. Sicher sollte die Geschichte dazu beitragen, daß wir unseren Frieden mit der Präsenz russischer Soldaten in unseren Straßen machten. Aber ich habe mich jahrelang nicht getraut, den Kopf aus einem Fenster zu lehnen, weil er angeblich schwerer als der Körper war und ihn hinter sich herziehen würde.

Dann bin ich dran und nähere mich langsam dem Rand der Plattform. Dahinter ist tatsächlich Schluß. Ich darf jetzt nicht nachdenken, aber wie sollte ich das ausgerechnet hier schaffen? Ein Samurai trifft seine Entscheidungen in sieben Atemzügen, aber so viel Zeit habe ich nicht, ich muß so tun, als sei längst entschieden, daß ich springe, damit sich mein Kopf nicht einschaltet. Die Füße gehen vor, der Kopf wird schon nachkommen. Ich gehe wie betäubt auf meine Tanzschulpartnerin zu, die ich seit ein paar Wochen beobachtet habe, das erste Mädchen, das ich zum Tanzen auffordern werde. Und kurz bevor ich etwas sagen kann, stürze ich in den Abgrund, absurd schnell, das ist also diese Gravitation. Diesmal halte ich den Mund geschlossen, schon um nicht zu schreien. Wie Luzifer bei seinem Höllensturz ins Erdinnere schieße ich ins Wasser. Es ist herrlich, so weit weg von allem zu sein: «Hier können sie mich lange suchen.» Dann tauche ich wieder auf, ich muß gar nichts dafür tun. Die Welt kommt mir sofort freundlicher vor, das Leben leicht, ich kann wieder lächeln.

Bin ich jetzt ein anderer Mensch? Muß ich meine Kurzbiographie umschreiben? Ich habe jedenfalls großen Hunger bekommen, wie früher nach dem Schwimmunterricht. Manchmal leistete sich einer von uns am Kiosk Pommes, und die anderen lauerten, ob ihm etwas runterfiel, um sich darauf zu stürzen wie Spatzen. In der S-Bahn zogen wir unsere Stoffbadekappen über das Gesicht wie Bankräuber und hofften, daß die Zugestiegenen sich erschraken. Jetzt prüfe ich auf der Heimfahrt in der Scheibe der S-Bahn mein Spiegelbild und bin erleichtert, daß ich nicht spontan ergraut bin. Ein Zehnjähriger hinter der absurden Maske eines 46jährigen.

SCHIELI - SCHOTE

Hypnotiseure in Soest

In der FAZ las ich eines Tages diesen Leserbrief:

«Unbequem auf der Couch

Seit vielen Jahren bin ich sehr zufriedener Abonnent und Leser der F. A. Z. Nachdem ich Politik, Wirtschaft, Finanzen, Sport und das Feuilleton der Wochenendausgabe in Ruhe gelesen und genossen hatte, kam schließlich das neue Magazin dran. Das alte Magazin war sicher etwas klein geraten, was das Format betrifft. Aber das neue Riesen-Format ist für den Leser, zumindest für mich, eine Zumutung. Es ist äußerst unhandlich, man kann es eigentlich nur lesen, wenn man es auf einen Tisch legt. Ich pflege aber meine Zeitungslektüre bequem im Sessel sitzend, manchmal sogar auf der Couch liegend, zu gestalten. Bei dem Format Ihres neuen Magazins ist das leider nicht möglich. Rolf Reuter, Soest»

Dieser Text hat mich berührt, weil aus ihm ein großes Leid sprach. Ein Mensch war in seinen Gewohnheiten gestört worden, das ist ja das Schlimmste, was einem passieren kann, und noch dazu von seiner Zeitung, die sich verändert hatte, bereits zu seinen Lebzeiten. Er konnte seine Zeitungslektüre jetzt nicht mehr auf der Couch liegend gestalten, sondern mußte für das Magazin aufstehen und an einen Tisch gehen, den er vielleicht gar nicht besaß. Das erinnerte mich an eine Episode aus Marcel Prousts «Suche nach der verlorenen Zeit». Dort hatte ein Mann die Gewohnheit, jeden Tag zur gleichen Zeit eine öffentliche Toilette im Park aufzusuchen, um sich zu erleichtern und dabei die Zeitung zu lesen. Als eines Tages seine Frau starb, fühlte er sich aus der Bahn geworfen, weil er eine

Zeitlang nicht auf seine gewohnte Art auf die Toilette gehen konnte. Erst nach einer Weile normalisierte sich die Lage für ihn wieder. Es gibt im StGB einen Paragraphen, der die Störung der Totenruhe behandelt, aber die Störung der Lebendenruhe ist ein nicht weniger heikles Thema.

Üblicherweise erscheinen in der FAZ Leserbriefe, in denen jemand bemängelt, daß in einem Artikel über die Schlacht von Donski Woroschilow behauptet wurde, General Vincenz von Möller-Brock gehörte zu den Stalingrader Generälen um Ritter Wolf-Wulf von Semmlingen, wo er doch in Wirklichkeit als kommandierender General dieser Heeresgruppe *lange vor* dem Durchbruch der Potemkinschen Reiterarmee in sowjetische Kriegsgefangenschaft geraten sei. Solche Leserbriefe sind interessant, weil sie belegen, daß, egal wie gut ein Journalist ist, es immer einen Leser gibt, der sich noch besser auskennt. Aber sie wecken nicht so sehr unser Mitgefühl wie der Brief von Herrn Reuter aus Soest, der seine Zeitungslektüre neuerdings nicht mehr auf der Couch liegend gestalten kann. Sollte er jetzt vielleicht sein ganzes Leben umkrempeln und einen Couchtisch anschaffen für die zu große Zeitung? Oder sollte er eine kleinere Zeitung abonnieren? Aber wer sagte denn, daß dort das gleiche drinstand? Würde die FAZ zur Vernunft kommen und das Format ihres Magazins wieder dem Bedürfnis eines ihrer treuesten Leser anpassen, der die Zeitung nicht nur las, sondern, wie er schrieb, «genoß», und zwar in der ungewöhnlichen Reihenfolge: *Politik, Wirtschaft, Finanzen, Sport und Feuilleton*? Mir ist selbst *theoretisch* überhaupt kein Mensch vorstellbar, der seine Zeitung so vorschriftsgemäß von vorne lesen würde, ich bin immer davon ausgegangen, daß Zeitungen generell von hinten gelesen werden, ja, daß das sogar so vorgesehen ist, weshalb die interessanteren Dinge ja auch weiter hinten stehen. Wollte die FAZ diese Art Leser im Grunde vergrämen, weil sie auf die jüngeren Generationen mit ihren iPads setzte, die wegen ihres traumwandlerischen Umgangs mit den neuen Medien nicht an ein bestimmtes Bequemlichkeitsarrangement gebunden sind, sondern ihre Zeitungslektüre zur Not sogar mit einer Hand gestalten könnten, ohne Leselicht, irgendwo draußen in der Wildnis und vollkommen unergonomisch?

Am meisten machte mir zu schaffen, daß Rolf Reuter die Veröffentlichung seines Leserbriefs vielleicht gar nicht mehr erlebt haben könnte, weil er physikalisch nicht mehr in der Lage gewesen ist, die FAZ weiter zu lesen. Er könnte einen der größten Triumphe seines Lebens verpaßt haben, in seiner eigenen Zeitung seinen Namen zu lesen, weil er die FAZ, oder, wie er schrieb, die «F. A. Z.», auf dem Boden ausgebreitet und sich darübergebeugt hat und ihm dabei ein Äderchen im Gehirn geplatzt ist. Die meisten Männer sterben ja, weil sie sich zu schnell nach einer alten Socke bücken, manchmal nicht einmal der eigenen! Es muß aber nicht so gekommen sein. Vielleicht hat Rolf Reuter auch den naheliegenden Gedanken gehabt, sich von einem Hypnotiseur zwischen zwei Stühlen, hart wie ein Brett, in waagerechter Haltung versteifen zu lassen, um so die am Boden liegende FAZ lesen zu können, ohne sein Leben zu riskieren. Für die etwas angestaubte Kunst des Hypnotisierens eröffnet sich durch den medialen Wandel ein ganz neues Geschäftsfeld: der älteren Generation (zu der ich mich natürlich auch zähle), die von der technischen Entwicklung abgehängt wird, weiter ihre gewohnte und gesundheitlich unbedenkliche Zeitungslektüre zu ermöglichen!

Kritik der reinen Natur

I

Natur war immer das Gegenteil von Fernsehen, also langweilig.
«Geht doch mal raus», das sagten die Eltern, wenn sie einen los-
werden wollten, nur dafür war die Natur da, eine Abstellkammer für Kinder. Es half auch nichts, daß wir gerne Tierfilme
guckten, immer wieder «Frei geboren» mit Elsa, der Löwin,
oder in Tarzan einen unbestrittenen Naturmenschen verehr-
ten. «Können wir nicht noch ‹Löwenzahn› gucken?» «Bei dem
Wetter?» Das Wetter war also schuld. Wenn die Sonne schien,
durfte man nicht drin bleiben, als würde die Wohnung dann
weniger gut funktionieren. Am schlimmsten war es, wenn die
Eltern selbst Zeit hatten, also am Wochenende, dann mußte
man «ins Grüne». Mit dem Auto fuhren wir in den Wald, park-
ten an einer Stelle, an der ein Mülleimer der letzte Gruß der
Zivilisation war, und dann legten wir wie ausgesetzte Hunde
eine Strecke zu Fuß zurück, mit der alles wiedergutgemacht
wurde, was in der vergangenen Woche in unser aller Leben
falsch gelaufen war. Unser Vater lief dabei weit voraus, er war
verärgert, weil wir mit unserem Geschrei die Tiere verscheuch-
ten, die er gerne in ihrer natürlichen Umgebung beobachtet
hätte. Ein Tier zu sehen, das gab immer ein großes Hallo. Meistens blieb es aber bei Wildschweinspuren, den einzigen, die
wir identifizieren konnten, also nicht denen ihrer Hufe, sondern dem aufgewühlten Boden, an der Stelle, wo ein Rudel
Wildschweine ein Schlammbad genommen hatte. Der Verdacht
lag nahe, daß die Tiere selbst ihre Zeit in Wirklichkeit gar nicht

im Wald verbrachten. Die erste Stunde ging aber sowieso damit verloren, daß der Pfeil gesucht werden mußte, den ich in einen Baum geschossen hatte. Einer von den guten mit Saugspitze aus Gummi. Ich schnitzte mir einen neuen, mit meinem Fahrtenmesser, dessen Griff aus dem Huf eines Rehs bestand. Das Schnitzen wurde schnell langweilig, also schoß ich einen Ball vor mir her, der immer wieder ins nasse Gebüsch rollte. Aber wir bogen ab ins Unterholz, weil unsere Eltern auf Pilze hofften, Fußball konnte man hier nicht mehr spielen, nur noch mit dem Federballschläger einen Kienapfel hochhalten oder das Messer werfen. Leider blieb es nicht im Baum stecken, und wieder ging eine halbe Stunde mit der Suche drauf. Manchmal passierten wir eine Brandschutzschneise, das fanden wir interessant, weil man sich vorstellte, wie die Flammen hier durch die kluge Vorsorge des Menschen gestoppt wurden. Oder einen Hochstand, den wir begeistert in Besitz nahmen, allerdings brauchte man mindestens zwei, damit es keinen Streit zwischen uns Brüdern gab. Jäger, das war ein attraktiver Beruf, man konnte in seinem Versteck sitzen und in aller Ruhe auf ein Tier zielen, das sterben mußte, damit es den anderen Tieren in der Gruppe besser ging. Der Hund brachte die Beute heran, das war einfacher als Einkaufen. Aber bei uns gab es ja nicht mal Bären, wie in «Der Mann aus den Bergen». Da lebte ein Mann allein in einer Blockhütte, das hätte ich auch gerne getan. Daß man dafür «ins Grüne» mußte, machte ich mir gar nicht bewußt. Vielleicht, weil es sich um amerikanischen Wald handelte, den ich mir irgendwie interessanter als unseren vorstellte.

II

Der Drang meiner Eltern, der Natur am Wochenende einen
Besuch abzustatten, mußte mit der Bauart unseres Wohnge-
biets zusammenhängen. Das einzige verfügbare Baumaterial
war Beton gewesen. Aber auch damit war die Natur nie end-
gültig besiegt worden. Von Anfang an konnten wir beobachten, wie die Pflanzen- und Tierwelt sich den Raum zurück-
eroberte. Das Wohngebiet war auf Feldern errichtet, die Mäuse
kletterten in den Ritzen der Betonplatten bis in den fünften
Stock und fraßen heimlich unsere Knäckebrotpackung leer.
Für sie war diese Situation eindeutig eine Verbesserung. Unter
den Decken der Balkons nisteten Schwalben, in den warmen
Heizungskellern bekamen streunende Katzen ihre Jungen,
durch die Lücken zwischen den Häusern blies der Wind so
heftig, daß man meinte, wenn man die Jacken öffnete, fliegen
zu können. In der hohlen Brecht-Büste auf dem Balkon, die
unser Vater bei den Arbeitseinsätzen für die Arbeiter-Woh-
nungsbau-Genossenschaft aus Zement geformt hatte, bauten
sich Wespen ein Nest. Durch den Spalt in der Wohnungstür
aus Pappe drangen Wolken von Mücken, gegen die nur der
Staubsauger half. Die Büsche in den Vorgärten wuchsen über
die Balkons im ersten Stock hinaus, die Wurzeln der Silberpap-
peln drückten den Asphalt der Straßen hoch, nach dem Regen
waren die Wege von Regenwürmern übersät. Und über allem
lag der Geruch der Berliner Rieselfelder, den der Wind zu uns
herübertrug. Während unser Westbesuch beim Ausblick vom
Balkon in unser Plattenbaugebiet die Frage stellte, wie wir es hier
aushielten, fühlte ich mich wie in einer Beobachtungsstation
mitten in der Wildnis. Vor allem am Abend, wenn der Himmel
sich in allen Rottönen färbte und im Hausflur eine Grille zirpte.

III

Wenn ich im Wald spazierengehe, denke ich an vieles, nur nicht an den Wald. Ich denke dann: Kommt da wer, oder kann ich hinter der Ecke mal austreten? Wieso hab ich schon wieder Hunger? Fliegenpilze gibt es anscheinend nur in Kinderbüchern. Ob es hier Schlangen gibt? Man muß sie ganz dicht am Kopf packen. Hat man hier Empfang? Wie geht das überhaupt, daß die Telefonwellen überall durchkommen, sogar durch die Natur? Es gibt ja doch noch Schmetterlinge! Das Wandern ist des Müllers Lust, das Wandern ist des Müllers Lust, das Wahandern. Was für ein quälender Text. Jetzt hab ich einen Ohrwurm. Vielleicht können einen die Satelliten sehen? Die können ja sogar sehen, ob man rasiert ist. Gibt es überhaupt noch Müller? Erholung muß auch anstrengend sein, sonst bleibt hinterher ein Gefühl der Leere. Nicht auf Frühblüher treten! Ich muß immer einen Baum im Blick behalten, auf den ich klettern kann, falls ein Wildschwein kommt. Oder reicht es, dann einfach hochzuspringen, und es rennt unter einem durch? Von wegen saurer Regen, es gibt doch noch jede Menge Bäume. Die Himmelsrichtung erkennt man am Moos. Oder war das der Weg nach Mekka? Bloß kein Rehkitz anfassen, das wäre sein Tod. Ich muß ja schon wieder! Ameisen, die Polizei des Waldes. Schade, daß das keiner sieht, wie schön ich hier wandere. Im Film würde man jetzt Musik hören. Aber keine gute. Hoffentlich haben die hier schon die Munition vom Krieg geräumt.

IV

In meiner ersten Wohnung hatte ich plötzlich ein Bedürfnis nach Pflanzen, vielleicht, weil sie billiger als Möbel waren. Ich besaß bereits einen kugelförmigen Kaktus, ein Konfirmationsgeschenk von einem Ostverwandten, und ein Wolfsmilchsgewächs, ein Geburtstagsgeschenk von einem Mitschüler. Sukkulenten waren in der DDR ein beliebtes Mitbringsel. Familienväter bauten aus schmalen Brettern mehrstöckige Regale, um die Minikakteen-Sammlung zwischen den Doppelfenstern unterzubringen. Ich hatte Kohleheizung und bildete mir ein, daß die Pflanzen in meinem Zimmer das giftige Kohlenmonoxid in Sauerstoff umwandelten und die Asche aus der Luft filterten. Nach und nach schaffte ich eine Palme an, einen Ficus benjamini, einen Hibiskus, und von der Mutter meiner ersten Freundin bekam ich einen Ableger des typischen DDR-Büro-Grases geschenkt. Einmal im Jahr trug ich alle Pflanzen in die Küche und wusch umständlich Asche und Staub von den Blättern. Die Palme mußte ich irgendwann abstützen, weil der Stiel verschimmelte. Ich schiente ihr krankes Bein und hoffte, sie retten zu können, aber eines Tages brach sie einfach ab. Den Kaktus und die Wolfsmilch ließ ein Untermieter vertrocknen, sogar der Ficus ging bei ihm ein. Es blieb nur das DDR-Büro-Gras, das sicher auch im Weltraum überleben würde, vielleicht stammt es ja sogar von dort. Es bekam immer mehr Ableger, die ich einzeln eintopfte und die wieder neue Ableger bekamen. Meine Fensterbretter wucherten mit diesem zähen Gras zu. Es gibt Momente, da frage ich mich, was das soll, sich Gras ins Zimmer zu stellen, noch dazu so häßliches. Aber immer, wenn ich einen alten «Polizeiruf» gucke, freue ich mich, daß die Polizisten meine Zimmerpflanzen im

Büro haben, oben auf dem braunen Aktenschrank, neben dem Aschenbecher. Auch beim Bürgeramt, wo die Sachbearbeiterin ihren Drucker mit kleinen Schweinchen aus Ton dekoriert, fühle ich mich zu Hause, weil mir das Gras in den Makramee-Blumenampeln vertraut ist. Bei der Armee schmückte es die Stube jedes Vorgesetzten. Immer, wenn in einem ostdeutschen Sanierungsgebiet wieder mal eine seit der Wende verlassene Wohnung aufgebrochen wird, kann man bestaunen, daß das DDR-Büro-Gras des verschollenen Mieters nach all den Jahren noch am Leben ist. Es sieht so aus, als hätten die Menschen in der DDR das Bedürfnis gehabt, über alles Gras wachsen zu lassen. Während ich biologisch immer mehr verkümmere, gedeiht das Gras in meiner Wohnung und schenkt mir mein kleines Stück Idylle in diesem Großstadtmoloch, die grüne Lunge meiner Wohnung. Ich bin mir gar nicht sicher, ob das Gras für mich Natur ist oder ich für das Gras.

PFLANZENFRESSEN DES FLEISCH

Ach so!

Weil ich so oft aus dem Mustopf komme, bin ich froh, Deutsch zu sprechen, denn uns steht die schwer übersetzbare Wendung «Ach so!» zur Verfügung. Viele Annahmen stellen sich ja im Lauf des Lebens als falsch heraus. Ein Freund von mir dachte bis zu seinem dreißigsten Lebensjahr, der Strafraum sei gar nicht rechteckig, sondern dieser Halbkreis um den Elfmeterpunkt markiere den Raum, in dem der Torwart den Ball noch in die Hand nehmen dürfe. Ach so! Die Nachrichtensendung hieß für mich lange «He-ute», bis eine Cousine mir erklärte, daß sich «e» und «u» zusammen wie «eu» aussprechen. Dann stand dort also «Heute»! Ach so! Aber wieso hieß die Sendung «Heute»? Weil dort die Nachrichten von heute kamen? Ach so! An meinem fünften «Gebotstag» machte die Kindergartentante so einen Umweg mit dem Mund, als sie das Wort aussprach, daß es wie «Geburts»tag klang. Ach so! Das weiße Ding am Mund vom Sandmännchen war gar kein Kleidungsstück, sondern der Bart. Ach so! Und Wicky war gar kein Mädchen, denn das Lied ging nicht: «Hey hey Wicky, hey Wicky hey, *sie fässt* das Segel an!», sondern «… *zieh fest* das Segel an»! Ach so! Erst letztes Jahr stutzte ich beim Lesen der S-Bahn-Anzeige und dachte an einen Schreibfehler, weil dort «Königs Wusterhausen» stand und nicht «Wursterhausen». Ach so! In «Hinter Glas», einem Roman von Robert Merle über den Mai '68 in Paris, kam eine seltsame politische Gruppierung vor, die Trotz-Kisten. Ach so! Kürzlich fiel mir auf, daß es sich bei «King of Queens» um ein Wortspiel handelt, nicht nur «König von Queens», sondern «König der Königinnen». Ach so! Und eine Sitcom heißt gar nicht so, weil man beim Zugucken sitzt, sondern wegen «situation comedy». Ach so! Morrissey, der Sänger von The Smiths, ist gar nicht Morrissey, der Filmemacher aus dem Umfeld von Andy Warhol, der heißt nämlich Paul. Ach so! Dafür ist Floris, der Mann mit dem Schwert, derselbe Schauspieler wie der Replikant aus «Blade Runner»! Ach so! Das Obi-Eichhörnchen ist ein Biber? Ach so! «Ich werde dieses Geheimnis hüten wie meinen Augapfel», hieß es in fast jedem Märchen. Der Augapfel war aber gar nicht die kleine Drüse, aus der die Tränen kamen, sondern das ganze Auge. Ach so! Anfangs setzte ich meine Tochter immer im Hausflur auf die Treppe und trug schnell die Einkaufsbeutel die sechs Stockwerke hoch, voller Angst, daß sie in der Zwischenzeit entführt würde. Bis mich eine Freundin darauf brachte, daß ich es ja *andersrum* machen könne, also erst die Tochter hochtragen und dann die vollen Einkaufsbeutel. Ach so! Erdbeeren muß man gar nicht mühsam kleinschneiden, man kann sie einfach waschen und unzerschnitten essen. Ach so! Die gelbblauen Klosteine zum Nachfüllen muß man nicht mühsam aus der Plastehülle fummeln, bevor man sie in die dreckige Halterung schiebt, weil die Hülle sich im Wasser auflöst. Ach so! Das «Spiegel»-Cover soll wie ein Spiegel aussehen? Ach so! Und wenn der Friseur sagt, «Sie haben da einen Wirbel», meint er gar nicht, daß man einen Halswirbel am Hinterkopf hat, sondern daß die Haare sich drehen. Ach so! Bob Marley singt: «No woman, no cry!» und meint gar nicht: «Keine Frauen, kein Ärger!» Wie oft habe ich mit den anderen leer Ausgegangenen begeistert dieses Lied mitgesungen, wenn es zum Abschluß eines Tanzabends in der Diskothek gespielt wurde! Dabei singt

Bob Marley: «Nein Frau, weine nicht!», und das ist politisch gemeint. Ach so! Die Kölln-Flocken sind gar nicht aus Köln? Ach so! Aber das Bild auf der Packung zeigt doch den Kölner Dom? Nein, das ist ein Schiff vor einem Kornspeicher. Ach so? In «Five years» von David Bowie geht es gar nicht darum, wie schön es ist, fünf Jahre alt zu sein, sondern um den Weltuntergang, der in fünf Jahren angekündigt ist. Ach so! Idefix kommt von «idée fixe». Ach so! Bei einer Bettfedernreinigung werden gar nicht die Metallfedern vom Bettgestell gereinigt. Ach so! Die Weimarer Republik war gar nicht in Weimar? Ach so! Shaky Werra war kein Kollege von Shakin' Stevens? Ach so! Majas Willi ist immer so müde, weil er eine Drohne ist? Ach so! «Charlotte» Gainsbourgs Vater hieß «Charles»? Ach so!

ZWEIERLEI MARS

Die Kindheit des anderen

Wie mein Leben drüben aussehen würde, dieser Frage habe ich als Kind lange Tagträume gewidmet. Ich sah mich in einem eigenen Kinderzimmer mit Tennisschläger, Heimcomputer und einem Spielzeug-Walkie-Talkie, das immerhin ausreichte, um mit all meinen Freunden zu sprechen, die ähnliche Zimmer in den Einfamilienhäusern ihrer Eltern bewohnten. Wir besuchen uns selten, weil ja jeder seinen eigenen Fernseher hat, sogar Kabelfernsehen (was auch immer das sein soll). Im Winter gucke ich die Skigymnastik, um besser wedeln zu können, wenn wir im Urlaub nach «Schladming» oder «Crans-Montana» fahren. Wenn ich Hunger habe, gehe ich zur Kühlschrankkombination in der Küche und mache mir in der Mikrowelle eine Minipizza mit Käse *im* Rand warm. (Schafft den wirklich eine Frau auf dem Fahrrad aus Holland heran?) Eine Schüssel Paradiescreme steht auch immer bereit. Allerdings darf mich da meine Mutter nicht erwischen, die tagsüber zu Hause ist. Sie ist nicht berufstätig und verbringt ihre Zeit mit Bibelkreis, Flötengruppe, Gartenarbeit und Wassergymnastik. Dazwischen sitzt sie in der Couchgarnitur und blättert im Otto-Katalog, um ab und zu telefonisch etwas zu bestellen. Ihr Auto benutzt sie eigentlich nur, um frische Marzipanpralinen von der Konditorei zu holen, einem dreihundert Jahre alten Familienbetrieb. Mein Vater hat sich gerade wieder ein neues Auto gekauft, weil er der Meinung ist, daß man «seinen Wagen» alle vier Jahre abstoßen muß, damit es sich rechnet. Er arbeitet bei einer Behörde, die die Landschaft erkundet, um die besten

Strecken für neue Autobahnen zu finden. Viele Männer tun nur so, als würden sie morgens mit Aktentasche zur Arbeit gehen, in Wirklichkeit sind sie arbeitslos und schämen sich vor ihren Nachbarn.

Ich fahre heute nicht mit dem Skateboard, sondern mit meinem 21-Gang-BMX-Rad zur Schule, allerdings den Umweg am Atomkraftwerk vorbei, weil die IG Metall wieder einen Warnstreik macht und die Straße sperrt. Vor der Schule stehen Drogendealer, aber mir reichen meine Pattex-Tuben im Bastelkeller. Meine Mitschüler und ich machen Polaroid-Fotos voneinander, und wir setzen uns gegenseitig die Kopfhörer unserer Walkmans auf. Wenn es geklingelt hat, gehen wir langsam rein, es fängt sowieso nie pünktlich an. Die bunten Schulbücher lassen sich kaum von Kinderbüchern unterscheiden, das meiste wird in Form von Comics behandelt. Man sitzt an Tischen über den Raum verteilt, jeder, wo er Lust hat. Die Lehrerin ist bei den Grünen und hat weniger Geld als ich. Wenn man will, kann man einfach gehen, die Lehrer dürfen dann nichts sagen, weil sie sonst Ärger mit den Eltern bekommen, wir sind ja hier nicht im Osten. Außerdem habe ich dreizehn Schuljahre und kann vor dem Abitur noch schnell alles lernen. Mit meinem Durchschnitt von 3,0 bin ich immer noch einer der Besten, und wenn mir ein Fach nicht gefällt, wähle ich es einfach ab. In der Pause kaufe ich mir am Automaten Caprisonne und Milchschnitten. Danach putze ich meine Zähne mit Perlweiß. Im Sportunterricht wird die ganze Zeit Basketball gespielt, Zensuren gibt es nicht. Die Mädchen sind alle so schön braun vom Solarium. Sonnabends ist schulfrei. An den Nachmittagen habe ich Tenniskurs, ich trainiere auf der Go-Kart-Bahn, oder ich treffe mich mit meiner Polit-AG, weil wir die Nazivergangenheit unseres

Ortes erforschen. Da mache ich aber nur mit, weil ich in die Mädchen verliebt bin. Es gibt im übrigen auch eine Neonazi-Motorradrocker-Gang im Ort, die sitzen immer an der Bushaltestelle und trinken Berentzen Appel, aber da ihre Väter meinen vom Schützenverein kennen, habe ich von denen nichts zu befürchten. Zum Glück muß ich mir keine Sorgen über meine Zukunft machen, da meine Eltern mir, bis ich 27 bin, 800 Mark im Monat zahlen werden, damit ich Zeit habe, mich zu finden. Bis dahin wird sich schon herausstellen, was ich werden will. Ich könnte mir vorstellen, ins Rateteam vom «Heiteren Beruferaten» einzusteigen. Oder ich bewerbe mich bei «1, 2 oder 3» als Kamerakind, und wenn ich meine Arbeit gut mache, kann ich vielleicht Filmregisseur werden und nach Hollywood gehen. Meine Mutter will, daß ich Zahnarzt werde. Nachrichtensprecher wäre gut, die müssen nur eine Viertelstunde am Tag arbeiten. Ich kann natürlich auch bei Jacques Cousteau auf der «Calypso» mitfahren, dafür übe ich manchmal im Whirlpool Luftanhalten. Zur Bundeswehr muß ich nicht, weil ich auf dem linken Auge 0,5 Dioptrien habe. Ich muß eigentlich gar nicht arbeiten gehen, weil ich später auch von den Zinsen auf meinem Knax-Konto leben kann. Bis jetzt habe ich noch nie im Leben geweint. Ich habe nur Angst vor AIDS, dem Ozonloch, dem sauren Regen und den RAF-Terroristen, die man auf den Postern in der Sparkasse sieht. Es klingelt, die Putzfrau kommt und unterhält sich mit der Haushaltshilfe. Ich könnte ein bißchen auf unserem Golfplatz im Garten mit meiner Dampflokomotive fahren. Oder ich gucke mir auf dem Videorecorder wieder mal Rambo I–IV an. Wenn die Russen kommen, muß ich wissen, wie man sich verteidigt.

Ein Bild von Picasso

Ich stehe im Museum vor einem bedeutenden Gemälde, und jeder kann sehen, daß ich die Kunst auf mich wirken lasse, wie es sich gehört, nach diesem Erlebnis werde ich nicht mehr derselbe sein. (Das wiederholt sich natürlich wegen der vielen Gemälde bei einem einzigen Museumsbesuch Dutzende Male, ich bin in so kurzer Zeit so oft nicht mehr derselbe, daß ich am Ende aus Versehen vielleicht doch wieder derselbe bin.) Ich betrachte wohlwollend und gelehrig das Werkstück dieses Genies. Daß meine Kinder so etwas auch hätten malen können, wird man von mir nicht hören, das sagen nur ganz Dumme, auch wenn es natürlich viele denken. Trotzdem wüßte ich jetzt gerne mal, wer das Bild denn tatsächlich gemalt hat. Allerdings habe ich ein schlechtes Gewissen, wenn ich mich zu dem kleinen Schildchen, das daneben hängt, herabbeuge und die Information lese, denn das sieht dann so aus, als würde ich nicht das Kunstwerk selbst auf mich wirken lassen, sondern mich erst vergewissern müssen, daß es auch wirklich von einem bedeutenden Künstler stammt. Das sollte aber keine Rolle spielen! Selbst wenn das Bild von einem unbekannten Laienkünstler hier eingeschmuggelt worden wäre, sollte ich ihm eine Chance geben, es geht ja um Kunst und nicht um Namen, van Gogh haben zu seinen Lebzeiten auch nur die wenigsten gut gefunden, den Fehler darf man kein zweites Mal machen.

Beim Weitergehen schlendere ich aber trotzdem ganz unauffällig am Schildchen vorbei und werfe einen schnellen Blick darauf, den niemand bemerken darf, und wenn, dann soll es so aussehen, als kontrollierte ich nur, ob die Ausstellungsmacher sich bei den Angaben zum Künstler, den ich natürlich am Stil erkannt habe, nicht geirrt haben und ob auch die Jahreszahlen stimmen. Da steht «Picasso», mehr kann ich so schnell nicht erkennen, aber etwas in der Art hatte ich mir schon gedacht. Ein echter Picasso! Ich schlendere noch einmal zurück, als hätte ich meinen Schirm vergessen (nein, ich hatte nur vergessen, daß ich gar keinen Schirm habe), und werfe einen zweiten Blick auf das Bild, das immerhin von Picasso ist, so etwas sieht man ja nicht alle Tage. Andere nehmen weite Reisen auf sich, um Picasso im Original zu sehen, also nicht «Picasso», sondern ein Bild von ihm, also auch kein Bild «von ihm», sondern eins, das er gemalt hat und das man deshalb «einen Picasso» nennt. Gedruckt in einem großformatigen Buch, für das man zu Hause jahrelang keinen richtigen Platz findet (also einen, wo es nicht stört, aber wo man es auch nicht aus den Augen verliert), sind ja die Farben völlig verfälscht, das tut richtig in den Augen weh, wenn man es mal mit Picassos Augen betrachtet. Eigentlich müßte man den Druck neben das Bild im Museum halten und mißbilligend den Kopf schütteln.

Jetzt habe ich ein schlechtes Gewissen, weil ich das Bild vielleicht doch ein bißchen besser finde, seit ich weiß, daß es von «Picasso» ist, ich kann mich aber gar nicht dagegen wehren. So geht es mir häufig, weil ich so ein guter Mensch bin, leide ich so oft unter meinem Verhalten. Wenn ich in der Zeitung die Berichte über irgendeinen Krieg nicht mehr lese, weil meine Aufnahmefähigkeit schon von den vier Sportseiten erschöpft ist. Wenn ich an der Ampel bei Rot rübergehe, obwohl kleine Kinder zugucken, aber ich bin ja nicht da, um die Kinder anderer Leute zu erziehen. Trotzdem komme ich mir schlecht vor.

Auch weil ich kein Blut spende. Dabei hatte ich mal die Hoffnung, zur Not von regelmäßigen Blut-, Plasma-, Haar- und Samenspenden leben zu können, wenn ich mir außerdem noch etwas als Medikamententester und Wahlhelfer dazuverdiente. Man könnte sich auch für eine medizinische Studie mit Schuppenflechte infizieren lassen, immer noch besser, als zu kellnern. Ich habe auch ein schlechtes Gewissen, wenn ich bei Kontrollen in der S-Bahn eine Fahrkarte habe. Manchmal erwischen sie im ganzen Waggon keinen einzigen Schwarzfahrer, das muß doch frustrierend sein. Und neulich ist der Verkäufer vom Obdachlosen-Magazin in der U-Bahn nicht mehr bis zu meinem Platz weitergegangen, sondern hat schon vorher abgedreht, weil er offenbar dachte, daß ich ihm kein Heft abkaufen würde. Das stimmte zwar, aber konnte er mir das etwa ansehen?

Ich hätte ein schlechtes Gewissen, wenn ich «Region Berlin/Brandenburg»-Post aus Versehen in den Briefkastenschlitz für «andere Postleitzahlen» werfen würde, aber das ist mir zum Glück noch nie passiert.

Ich habe ein schlechtes Gewissen, wenn ich mir die Immobilienanzeigen durchlese, die immer im Vorraum der Sparkasse aushängen. Es ist mir peinlich, daß jemand denken könnte, ich hätte das Geld für eine Eigentumswohnung oder gar ein Haus.

Ich habe ein schlechtes Gewissen, wenn ich meine Einkäufe bei REWE in eine EDEKA-Tüte packe.

Ich habe ein schlechtes Gewissen, wenn ich auf der Straße Döner esse, als sei ich ein Junggeselle, der nicht kochen kann. Und man sieht ja nicht, daß ich wenigstens nur noch Veggie-Döner esse.

Ich habe ein schlechtes Gewissen, wenn ich auf einen Brief

eine dieser ausgedruckten Behelfsbriefmarken aus dem Automaten klebe, die gar keine Zähne haben.

Beim Bezahlen lege ich immer möglichst schnell das Geld hin, damit der Verkäufer keine Zeit mit mir verliert und der nächste Kunde nicht aufgehalten wird. Es ist riskant, passend zahlen zu wollen, weil das Heraussuchen der Münzen länger dauern kann, als der Verkäufer mit Wechseln gebraucht hätte. Mein Herz rast dann, während ich in den widerspenstigen Münzen wühle und keine Ein-Cent-Münze finde. Manchmal überschlage ich auch die Summe und halte das Geld schon in der Hand bereit, in rechnerisch sinnvolle Säulen vorsortiert. Dann fürchte ich immer, daß das arrogant wirkt, als wollte ich andeuten, daß der Verkäufer mit seiner Kasse schlechter rechnen kann als ich im Kopf. Bei 2,99 Euro habe ich zudem einen Trick, ich gebe nicht drei Euro, sondern vier Euro. Wenn ich drei Euro gebe, muß ich ja auf den einen Cent Rückgeld warten, und das sieht immer so gierig aus, wenn man den einsteckt, andererseits sieht es arrogant aus, wenn man abwinkt und darauf verzichtet. Also gebe ich vier Euro und bekomme 1,01 Euro zurück.

Ich habe ein schlechtes Gewissen, wenn ich etwas knipsen will, was ein anderer Tourist gerade anvisiert. Man will ja dem anderen nicht sein Motiv wegnehmen, selbst wenn es der Eiffelturm ist. Ich warte dann und schleiche mich später noch einmal hin, um das Bild zu machen. Aber irgendwie kommt es mir trotzdem geklaut vor.

Ich habe ein schlechtes Gewissen, weil ich nicht mehr wie früher jedes Jahr begeistert die Vierschanzentournee gucke. Meine Mutter guckt das immer noch und fiebert mit, aber ich weiß nicht mal mehr, wie ein einziger Skispringer auf der Welt heißt. Wahrscheinlich Pukkolainen oder Schlierenhofer.

Ich habe ein schlechtes Gewissen, wenn ich mich beim Sport anstrenge. Man soll doch Spaß an der Bewegung haben und nicht die neoliberale Leistungsideologie in die Freizeit übertragen. Ich habe aber keinen Spaß an der Bewegung, mich interessiert fast ausschließlich die Leistung. Spaß habe ich daran, den ganzen Tag unter meiner schönen Bettdecke zu liegen, dazu brauche ich keinen Sport. Wie Ernst Jünger schreibt: Wenn er sich ins Bett lege, wechsele er nur den Arbeitsplatz. (Darf ich ohne schlechtes Gewissen Ernst Jünger zitieren?)

Ich habe ein schlechtes Gewissen, weil ich außer Tulpen und Studentenblumen keine Blumensorten kenne, wann und wo haben die anderen Erwachsenen das gelernt? «Meine Dahlien machen mir dieses Jahr Sorgen», so ein Satz wird mir nie glaubwürdig über die Lippen kommen.

Ich habe sogar immer mit dem schlechten Gewissen *anderer* mitgelitten. Als bei den «Waltons» John-Boy einmal bei einem Pferderennen den Weg abkürzte und gewann, waren seine Seelenqualen auch meine.

Das schlechte Gewissen liegt bei uns in der Familie. Meine Mutter hat immer noch ein schlechtes Gewissen, weil sie vor vielen Jahren einmal bei einem Essen in einer Gaststätte gesagt hat, daß wir wiederkommen würden, aber dann sind wir gar nicht wiedergekommen. Und schon deshalb konnten wir nicht mehr wiederkommen.

Zwischen Weihnachten und Silvester

Die Woche zwischen Weihnachten und Silvester ist für mich als Freiberufler fast so schlimm wie Familienurlaub, weil ich nicht arbeiten darf und tagsüber nicht verschwinden kann, und das ausgerechnet in einer Zeit, in der Kindergarten und Schule geschlossen sind, mein Therapeut im Urlaub ist und es keine Bundesliga gibt. Für meine Eltern waren Feiertage nie ein Problem, weil Kinder damals noch fernsehen durften, während wir das unseren Kindern nicht mehr erlauben und ich ihnen deshalb den Fernseher ersetzen muß. Und da es heute den Kinderkanal gibt, kann ich mich nicht mit Sendepausen herausreden und habe den ganzen Tag zu tun. Aber es kommt noch schlimmer, denn manchmal muß ich mit den Kindern an die frische Luft, obwohl eigentlich schon genug davon durch unsere undichte Wohnungstür strömt, dann ziehe ich ihnen so viele Sachen an, daß sie in ihren Schneeanzügen aussehen wie aufgeblasene Badetiere, was ungefähr eine Stunde dauert, weil sie zwischendurch abwechselnd aufs Klo müssen und wieder ausgezogen werden wollen, und wenn wir endlich fertig sind, irren wir orientierungslos durch die Straßen und suchen in vermüllten Buswartehäuschen Schutz vor dem kalten Wind, wobei wir uns bemühen, nicht in das Erbrochene vom Vorabend zu treten (bis wir wieder in die Wohnung dürfen). Als Kind war ich zwischen Weihnachten und Silvester damit beschäftigt, meine Süßigkeiten aufzuessen, bis ich sogar das Marzipanbrot verspeiste, obwohl mir Marzipan nicht schmeckte (ich nagte sogar an unseren Krippenfiguren aus Salzteig). Wir hielten abwechselnd Wache auf dem Balkon, um nicht zu verpassen, wenn auf dem Müllplatz unseres Neubauviertels die Tonnen geleert wurden. Dann mußten wir schnell runterrennen, um unseren Müll loszuwerden, uns blieben nur wenige Minuten, bis die Tonnen von anderen herbeieilenden Familien wieder gefüllt worden waren. Wenn ich nicht fernsah und dabei Süßigkeiten aß, bastelte ich für Silvester Stinkbomben aus Duosan-Klebstoff und altem Fotopapier. Ich mochte Silvester, schon weil es nach «Westen» klang. Außerdem konnte ich um Mitternacht beobachten, wie auf meiner Digitaluhr die Jahresanzeige weiterschaltete, das passierte nur einmal im Jahr. Ich freute mich auf Silvester im Jahr 1999, weil sich dann alle vier Zahlen auf einmal ändern würden. Allerdings hatte ich auch Angst, daß meine Uhr das nicht mitmachen und anschließend unbrauchbar sein würde. Wer wollte schon eine Uhr, die nicht das richtige Jahr anzeigte? Heute freue ich mich über kleine Dinge, zum Beispiel, daß ich nicht Bundeskanzler geworden bin, denn dann müßte ich zwischen den Feiertagen an meiner Neujahrsansprache feilen, was sich anfühlen muß wie ein jährlicher Schulaufsatz mit dem immer gleichen Thema, zu dem man aber jedesmal etwas anderes schreiben muß, wenn man in die nächste Klasse versetzt werden will. Ich freue mich auch, daß die Schalterfrau in der Postfiliale sich einen blinkenden Glitzerelch ans Revers geheftet hat, obwohl das Paket, für das ich eine Dreiviertelstunde angestanden habe, nur ein kiloschwerer Verlagskatalog war, der mir ungefragt zugesendet worden ist. Ich freue mich, daß ich eine Erkältung hatte, weil ich mich jetzt vielleicht eine Weile nicht erkälte. Ich freue mich, daß ich im letzten Jahr etwas weniger Strom verbraucht habe und meine neue monatliche Abschlagszahlung zwei Euro geringer sein wird. Ich freue mich, daß die Nadeln unserer modernen Weihnachtsbäume nicht mehr pieksen. Ich freue mich darauf, sie mit dem Staubsauger einzusaugen, weil sich das Prasseln so schön anhört und das Saugen sich durch dieses Geräusch so erfolgreich anfühlt. Ich freue mich, daß ich Kinder habe und nicht wie manche alten Leute in der Öffentlichkeit zum Schein auf die Uhr sehen muß, um so zu tun, als hätte ich keine Zeit. Ich habe *wirklich* keine Zeit, und das muß man einfach genießen, solange es so ist.

WEIN-ACHTEN UND LACH-ACHTEN

Die Altstadt von Prag

Die Altstadt von Prag ist im Sommer ein beliebter Touristen-magnet. Man könnte sogar meinen, der Rest der Stadt sei nicht für den Tourismus zugelassen, da sich die Besucher fast aus-schließlich auf die Altstadt konzentrieren, wo sie ideale Lebens-bedingungen für sich vorfinden. Grundlage des Tourismus ist ja nicht ein besonders schöner und weltweit einmaliger Ort, diese Eigenschaften werden durch den Tourismus schnell zer-stört, sondern eine große Anzahl anderer Touristen. Eigentlich geht es nur darum, möglichst nie allein mit Einheimischen zu sein und möglichst wenig zu erleben. Ein endloser Strom von Menschen wandert in eine bestimmte Richtung, die vor Jahren durch Zufall festgelegt wurde, dieser Strom reißt nie wieder ab, weil sich die Neuankömmlinge einfach einordnen, man muß ja irgendwohin gehen, und es fällt uns Menschen schwer, in eine andere Richtung zu gehen als alle anderen. An einer Ecke steht ein Geiger und spielt die Pizza «Vier Jahreszeiten» von Vivaldi, meistens die eine Stelle, wo es so schön schnell wird und fast nach David Garrett klingt. Man weiß gar nicht, was toller ist, das oder der alte Mann, der auf seiner Ein-Mann-Musik-maschine einen Militärmarsch spielt. Leider hat er noch beide Arme, sonst wäre es noch beeindruckender. Ein als Albert Ein-stein Verkleideter steht auf einem Podest und wartet, daß man ihm Geld hinwirft, damit er seine Pose wechseln darf. Andern-falls läuft er einem hinterher und macht obszöne Gesten, über die die Touristen lachen. Einer nach dem anderen läßt sich mit ihm fotografieren. Man sucht ja im Urlaub immer nach einem ganz besonderen Bildmotiv, deshalb knipst man auch die Kafka-Gedenktafel an seinem Geburtshaus, das allerdings abgebrannt ist und wieder aufgebaut wurde. Es ist aufregend, durch dieselben Straßen zu gehen, durch die schon Kafka gegangen ist, das geht auch schneller, als seine Bücher zu lesen. Die vielen Russinnen, die sich seit dem Ende des kalten Krieges unter die Touristen mischen, wirken gar nicht so finster wie Putin, sie stellen sich am liebsten vor Blumenrabatten und Springbrunnen auf und lassen sich von ihren Freunden fotografieren. Sie wollen den flüchtigen Moment verewigen, als sie noch Normalgewicht hatten. Daß Humor für unsere Nation problematisch ist, beweist eine Gruppe junger Deutscher in einheitlichen, mit einem witzigen Spruch beschrifteten T-Shirts. Ihr Kumpel im gelben Ganzkörperkostüm heiratet morgen und muß vorher einen Tag als Spermium verkleidet um Geld betteln. Eine Spanierin hat Mitleid und gibt ihm etwas. Der Mann im Mittelalterkostüm, der in einer Ecke seit Jahren auf der Gitarre Greensleeves spielt, guckt neidisch.

In den aufwendig renovierten Gebäuden der Altstadt gibt es alle Geschäfte so oft, daß man keine Angst haben muß, ein bestimmtes zu verpassen. Am häufigsten sind Kiffutensilienshops, Shops für Postkarten mit dem Hradschin, Shops für Schneekugeln mit dem Hradschin, Shops für T-Shirts mit Kafka, Shops mit Lenin- oder Hitler-Masken, Shops mit böhmischen Glaswaren aus China, Kleiner-Maulwurf-Shops und Shops, in denen es sämtliche Spieler des FC Barcelona als Marionetten gibt. Seit ein paar Jahren lockt auch eine Dalí-Dauerausstellung, falls man die in Madrid, Berlin, London, New York oder einem ähnlichen Ort verpaßt hat. Zu Hause geht man ja zu so was doch nie hin. Vor dem Wachsfigurenkabinett steht

Marilyn Monroe und hält sich den Rock fest, während sich ein paar Japaner mit Mundschutz mit ihr fotografieren und skandinavische Männer an den Aushängen des Restaurants nebenan die günstigen Bierpreise bestaunen. Erholung von den Eindrücken versprechen die vielen Thai-Massage-Studios. Aber es geht auch poetisch zu, ein unfrisierter, urbaner Vagabund macht mit großen Schlaufen Riesenseifenblasen, die Kinder sind begeistert, ihre Eltern fotografieren sie mit dem iPad, sie wollen den flüchtigen Moment festhalten, als ihre Kinder noch nicht so abgestumpft waren wie sie. Als eine Ampel piept, gukken alle vorwurfsvoll auf die Japaner, ob sie vielleicht radioaktiv sind (Fukushima!). Wenn man Deutsche reden hört, verstummt man sofort. Lieber würde man im Ausland für einen Robbenjäger gehalten als von Landsleuten erkannt.

Immer wieder rollen Kolonnen von Segway-Fahrern heran, Touristen, die einen «etwas anderen» Ausflug durchs historische Prag gebucht haben. Der Stadtführer hält den Griff lässig mit einer Hand fest und raucht mit der anderen eine Zigarette. Zum Hradschin hoch gibt es auch Touren mit dem E-Bike. Etwas langsamer geht es mit einem riesigen blumengeschmückten Hare-Krishna-Wagen vorwärts, der zum Wenzelsplatz geschoben wird.

Auf der Karlsbrücke bittet ein ambitionierter Hobbyfotograf einen am Boden hockenden jugendlichen Bettler, für ein Foto noch einmal in seinen Apfel zu beißen. Alle wundern sich, warum die Brücke nicht umbenannt wurde und immer noch nach Marx heißt. Straßenkünstler fertigen Schnellzeichnungen an. Etwas peinlich, weil ein Kind Down-Syndrom hat, wie soll man es karikieren? Größere Gruppen tragen Basecaps in einheitlichen Farben und folgen Frauen, die zur Erkennung

Regenschirme hochhalten und rasend schnell in Headsets sprechen. Je älter die Männer sind, um so länger sind ihre Kameraobjektive. Auf der Moldau schwimmen viele Ruderboote, weil man im Urlaub ja mal rudern möchte. Allerdings wird das schnell langweilig. Der Mann muß dann den Rest der Zeit allein weiterrudern. Für frisch Verliebte gibt es ein Tretboot in Gestalt eines Schwans.

In vielen Städten befindet sich eine Skulptur oder ein Stück von einem Gebäude, das man anfassen oder küssen muß, weil das Glück bringt. In Berlin sollte man auf der Gertraudenbrücke einen Mäuserücken streicheln. In Irland muß man auf Blarney-Castle den Blarney-Stone küssen, um die Gabe der Eloquenz zu erlangen. In Istanbul steckt man in der Hagia Sophia seinen Finger in ein Loch im Marmor und dreht die Hand. In Rom besteht sogar die Möglichkeit, seine ganze Hand in die Bocca della Verità zu stecken und zu hoffen, daß sie nicht abgebissen wird. In Budapest muß man den Stift der Anonymus-Skulptur berühren, um seine Schreibkünste zu verbessern. In Moskau streichelt man auf der Station Ploschtschad Rewoljuzii die Schnauze eines Bronzehundes, um den Tag über Glück zu haben. Hier in Prag muß man auf dem Hradschin den Schniedel einer Jungsskulptur berühren, der davon schon ganz golden poliert ist. Die Frauen einer spanischen Reisegruppe gackern begeistert. Weil sie so klein sind, werden sie von ihren Männern hochgehoben. Jede hat eine andere Technik, das Ding anzufassen. Zwei täuschen in scherzhafter Absicht einen Blowjob an. Die Asiatinnen zeigen nur mit dem Finger auf den Schniedel und halten sich dabei verschämt die Augen zu. Auffällig viele spanische Reisegruppen gibt es, sind die Spanier denn nicht angeblich pleite? Oder machen sie Urlaub, um Geld zu sparen?

Später geht es in eines der vielen Restaurants, die «Zum Schwejk» heißen, wo original tschechische Knödel und tschechisches Bier serviert werden. Ein Akkordeonspieler spielt dazu «Bésame mucho». Man kann auch Don Giovanni sehen, das in Prag Premiere hatte und in der Oper jeden Abend gespielt wird, aber natürlich nicht so schön klingt wie Vivaldi.

Und was hat mich in Prag begeistert? Das Kotva-Kaufhaus, dessen kühne, moderne Architektur heute ihre Gegner hat. In der Kinderabteilung kaufe ich Igráček-Figuren, ein tschechisches Playmobil-Plagiat von 1976, das wieder produziert wird, jetzt allerdings mit Nasen! (Und die dazugehörige unterirdische Kaufhalle verlasse ich, wie 1987 bis 1989, mit pomazánkové maslo, Hörnchen, Tubensahne, Brausepulverbonbons, Slavia-Kakaobonbons und Knetradiergummi. Das Tisch-Eishockeyspiel verkneife ich mir.) Eine Verschenkekiste auf der Straße mit aussortierten tschechischen Stalin- und Lenin-Ausgaben. Die gürteltierartige Glasziegelfassade der Neuen Szene des Nationaltheaters. Ein Kellerantiquariat mit Schul-Schautafeln vom Urzeitbilder-Maler Zdeněk Burian. In Žižkov läßt uns der Küster in die frisch renovierte Bethlehemskapelle mit spektakulärer kubistischer Wandbemalung. Im Nationaldenkmal am Vítkov-Berg eine Ausstellung über Musik und Politik mit einem selbstgebauten Gerät zum illegalen Pressen von Schallplatten aus den Fünfzigern und einem Schaukasten mit originalen Tramperklamotten aus den Siebzigern. Am Fernsehturm gibt es einen Laden mit nachproduzierten Botas-66-Turnschuhen in den tschechischen Farben, wie sie in den Sechzigern weit verbreitet waren. Die retro-futuristisch gestalteten U-Bahnhöfe und die höflichen Zugansagen vom Band. Hinter der Kunstakademie ein Spielplatz mit Betonelementen wie von Miró. Ein Made-in-GDR-Gullydeckel auf dem Hrad-schin. Eine schwangere Barbie mit aufklappbarem Bauch im Spielzeugmuseum. Die Xylothek (Holzsortenbibliothek) im Kloster Strahov. Ein Murmelturnier am Fuß des Petřzín, einem Hügel, auf dem ein kleinerer Nachbau des Eiffelturms steht. Der Schreibtisch mit Briefschlitz im Arbeitszimmer und die Farben im Kinderzimmer in der Villa Müller von Adolf Loos. Die kubistischen Holzspielzeugtiere in der Sezessions-Ausstellung im Obecní Dům.

Als Jugendlicher war es für mich eine Erkenntnis, die ich von älteren, erfahrenen Reisenden übernommen hatte, daß man in jeder Stadt nach der Altstadt suchen mußte, denn spätere urbane Entwicklungsphasen kannte man ja schon von zu Hause. Damals war das Spazieren durch die Prager Altstadt ein Protestmarsch gegen die sozialistische Stadtplanung. Mit einem párek v rohlíku in der Hand, einem von einem Dutzend, die man täglich aß, saß man auf den Stufen einer der vielen Kirchen und genoß, wie alt alles war und wie jung man selbst. Inzwischen ist in der Prager Altstadt offenbar fast jedes Haus in ein Hostel umgewandelt worden. Bis spät in die Nacht halten sich deren Gäste auf dem Bürgersteig vor den Gebäuden auf und tauschen sich in gebrochenem Englisch über Erlebnisse auf ihrer gestrigen Sauftour aus. Bier wird aus dem Lebensmittelladen gegenüber geholt, der, wie alle Lebensmittelläden hier, von Asiaten betrieben wird. Tschechisches Bier, denn im Urlaub will man seine Routine durchbrechen und lokale Spezialitäten genießen. Das Spermium ist inzwischen besoffen und kotzt in eine Kleiner-Maulwurf-Tüte. Ein paar Engländer haben sich golden angemalte Schwänze umgebunden und fordern spanische Touristinnen auf, sie anzufassen. Albert Einstein prügelt sich mit einem Affen, weil ihn sein Keyboardspiel beim Stillstehen stört. Erst lange nach Mitternacht kehrt für kurze Zeit etwas Ruhe ein. Nur ab und zu hallt der Gesang der deutschen Freunde des Spermiums durch die Gassen, die immer wieder den Gaucho-Tanz machen. Ein japanischer Segway-Fahrer, der seine Gruppe verloren hat und nicht weiß, wie er das Gerät stoppen kann, rollt bis zum Morgengrauen durch die Straßen und ruft leise auf Tschechisch um Hilfe: «Pomoc! Pomoc!» Aber es gibt hier niemanden mehr, der diese Sprache versteht.

Fragen zur Oper

1. Ihr Verhältnis zur Oper, Herr Schmidt?

Ich bin als Kind oft in die Berliner Staatsoper mitgenommen worden, da meine Eltern das für wichtig für meine Entwicklung hielten. Ich erinnere mich gerne an die Schinkenstüllchen mit Meerrettich, die es in der Pause gab. Zu Hause hatten wir in Ostberlin fast nie Schinken, meine Eltern interessierten sich mehr für Kultur. Meine Mutter reservierte immer telefonisch einen Tisch für uns, da der Betreiber des Büfetts ihr das als treuer Kundin erlaubte. Ein unvergeßlicher Moment, wenn alle anderen sich in der langen Schlange anstellen mußten, während man sich an einen gedeckten Tisch setzen durfte. Nach der Oper fuhr man mit dem sogenannten Opernbus, einem Sonderbus voller Opernfreunde, zur nächsten U-Bahn-Station, vor allem bei Ballettaufführungen sah man hier viele männliche Pärchen mit weißen Rüschenärmeln, die flatterten so schön beim Applaudieren. Musikalisch hat mich in der Oper am ehesten das Einspielen der Musiker fasziniert, damals konnte man es noch von den Kompositionen unterscheiden. Weniger schön fand ich die Ouvertüre, da in der Zeit der Vorhang zu war und man ohne jede optische Zerstreuung der Musik ausgesetzt war. Ich freute mich immer, wenn gesprochen und nicht gesungen wurde, weil es dann im Text schneller voranging, deshalb war der dritte Priester in der *Zauberflöte* eine meiner Lieblingsrollen. Ich muß zugeben, daß ich als Kind oft eingeschlafen bin. Einmal saß ein japanisches Mädchen in der Reihe vor uns, die Tochter eines Musikers, sie hat die ganze Zeit aufmerksam zugehört, während ich selig schlief. Das muß ich mir heute noch vorhalten lassen.

2. Stimmt das auch für Wagner?

Bei den *Meistersingern* habe ich mit meiner russischen Stopp-uhr die Zeit gemessen, denn falls ich diese Inszenierung irgend-wann noch einmal sehen sollte, wollte ich kontrollieren, ob die Aufführung genausolange dauerte. Ich bin aber bisher nicht wieder in den *Meistersingern* gewesen und habe die gestoppte Zeit auch vergessen. Mit der Klasse waren wir im Rahmen unseres Theaterabonnements in *Meister Röckle und der Teufel,* einer Oper nach einem Märchen von Karl Marx, sogar hier wurde man ihn nicht los! Bei *Lohengrin* schrieb ein Mitschüler anschließend an unserer Klassenwandzeitung, daß es Standing Ovations gegeben habe. Meiner Meinung nach waren die Zuschauer aufgestanden, um zu gehen, und hatten sich nur noch einmal zum Klatschen umgedreht, weil es sonst peinlich ausgesehen hätte. Ein schlimmer Vorwurf, den man Wagner machen kann, ist, daß er die heutige Hollywood-Filmmusik erfunden hat, diese ständig an- und abschwellende Geräusch-kulisse, die die Handlung untermalt. In Berlin ist der *Ring* nicht sehr beliebt, womit man allerdings die S-Bahn-Strecke meint, die Züge sind hier immer überfüllt, und oft fallen welche aus, wegen eines Polizeieinsatzes, weil sich «Personen in den Gleis-anlagen befinden», oder wegen einer Stellwerkstörung.

3. Waren Sie schon mal in Bayreuth? Wenn nein, mit Absicht? Wenn ja: Erzählen Sie!

Ich war einmal für eine Lesung in der Studentenmensa in Bay-reuth. Im Bayreuther Festspielhaus war ich noch nie, obwohl ich unbedingt Heiner Müllers Tristan-Inszenierung sehen wollte. Meine Eltern hatten von 1992 bis 2004 eine Kartenbestellung für Bayreuth laufen, sie wollten sie mir sogar vererben. Das Prinzip kannten wir von unserem Trabant. Meine größte Angst ist, daß ich einmal aufgefordert werden könnte, den *Ring* zu inszenieren. Daß man nie zuvor etwas mit Oper zu tun gehabt hat, ist ja heutzutage keine Ausrede mehr.

4. Es gibt Leute, die Oper für eine gestrige, vielleicht sogar tote Kunstform halten. Geben Sie ihnen recht? Anders gefragt· Wie sehen Sie die Zukunft der Oper, und was muß geschehen, damit es sie gibt?

Wahre Opernfreunde schließen die Augen, um sich nicht durch die modernen Inszenierungen, in denen die Zwerge Wehrmachtsmäntel tragen und die Walküren einen Iro haben, vom Musikgenuß ablenken zu lassen. Sie hätten gerne, daß sich in der Oper nie etwas verändert, was ja auch wieder ein avantgardistisches Konzept wäre. Ob Oper eine gestrige Kunstform ist, weiß ich nicht, wahrscheinlich ist jede Form von Kunst, die sich durchgesetzt hat, irgendwie gestrig.

NERDPOL

Oblomow

Iwan Alexandrowitsch Gontscharows Roman «Oblomow» besitze ich in einer Ausgabe von 1979 aus dem Gustav Kiepenheuer Verlag Leipzig und Weimar. Das schlechte Papier ist inzwischen vergilbt und brüchig, was meinen Vater an seinen DDR-Büchern immer geärgert hat. Man konnte schließlich nicht nur wegen des guten Papiers Erich Honeckers Lebenserinnerungen kaufen. Ich habe ihm das Buch vor fünfundzwanzig Jahren abgeschwatzt, unter der Bedingung, daß ich es auch wirklich lesen würde, seitdem schaute es mich aus dem Regal mit den dicken Russen vorwurfsvoll an. Damals wußte ich von «Oblomow», daß es um einen Mann ging, der nie vom Sofa aufstand, was auch meinen Neigungen entsprach und mich als Konzept für einen Roman neugierig machte. Denn bei Romanen geht es doch immer darum, die Regeln zu brechen. Außerdem erschien mir ein philosophisch begründetes Nichtstun als Herausforderung, der nicht jeder gewachsen war. Man brauchte Mut, denn man begegnete dabei sich selbst. Als junger Mann verachtete ich natürlich das sinnlose Streben meiner Mitmenschen, die doch nur Angst vor dem Tod hatten. Dafür, daß sich hier jemand zu nichts aufraffen konnte, war «Oblomow» allerdings ziemlich dick, 645 Seiten plus Nachwort. Es war wohl ein performativer Widerspruch, diesen Roman zu lesen (und erst darüber zu schreiben!). Mein Vater hatte das getan, ich sah es an den Bleistiftanmerkungen im hinteren Einband. Ich habe diese Angewohnheit, dort in meine Bücher zu schreiben, von ihm übernommen. Er hat viermal den Begriff «Oblomowerei» markiert. Dann «klägliche Worte» und die Verwendung des Verbs «berufen» in der Bedeutung von «tadeln»: «‹Aber neck doch Andrjuscha nicht; er wird gleich weinen!› berief er Wanja, wenn dieser das Kind neckte.» Wenn ich irgendwann einmal den Bildungsstand meiner Eltern erreichen wollte, führte an «Oblomow» kein Weg vorbei.

Es ist immer ein feierliches Gefühl, wenn es doch einmal dazu kommt, daß man einen Klassiker tatsächlich liest. Wenn der Status des Buchs gerechtfertigt ist, wird es einen für immer bereichern. Man begibt sich auf einen fernen Aussichtspunkt, von dem aus man die Gegenwart gelassener betrachten kann. Das erste Drittel von «Oblomow» hält, was der Ruf des Buchs verspricht: Oblomow liegt vorwiegend im Bett. Eine Provokation angesichts des heute immer drückenderen, neoliberalen Zwangs zur Selbstoptimierung. Oblomow leistet heldenhaft Widerstand: «Seine Pantoffeln waren lang, weich und breit; setzte er, ohne hinzusehen, seine Beine vom Bett auf den Fußboden, so fand er bestimmt gerade in die Pantoffeln hinein.» Seiner Neigung zum Dösen läuft es zuwider, daß sich bei ihm Besucher die Klinke in die Hand geben. Sie sollen aber wenigstens schnell die Tür schließen: «Irgendwo hatte er gelesen, daß nur die Luftfeuchtigkeit am Morgen zuträglich, die in den Abendstunden hingegen schädlich wäre; seither fürchtete er sich vor Feuchtigkeit.» Wer das Eigentliche in seinem Inneren erlebt und an der äußeren Wirklichkeit scheitert, erscheint der pragmatischer veranlagten Mehrheit als Hypochonder. Hier liegt also einer im Bett, träumt und fürchtet krank zu werden, ein halbes Jahrhundert vor Proust! Oblomow leidet, weil an diesem Morgen schon zwei Unglücke auf ihn niedergegangen sind. Sein Diener Sachar hat vermeldet, daß der Gemüsemann und der Metzger ihr Geld fordern. Außerdem wolle der Vermieter die Wohnung umbauen, und sie müßten umziehen. Oblomow ist von solchen Sorgen völlig überfordert. Dagegen hilft nur Einschlafen. Wie gut ich ihn verstehen kann! Ständig wälzt sich ein Strom von Aufgaben auf einen zu: Einen Artikel soll man zusammenkürzen, dem Steuerberater Zahlungseingänge aus dem letzten Jahr erklären, den vollkommen unverständlichen ElterngeldPlus-Antrag ausfüllen, ein Rezept für neue Einlagen besorgen, und der Immobiliengigant, dem meine Wohnung neuerdings gehört, erhöht schon wieder die Miete, hat er das nicht gerade vor einem Jahr gemacht? Wo lag denn noch die letzte Mieterhöhung? In welchem Stapel? Ich drehe solche Anschreiben immer um, damit sie mich nicht ständig ansehen und meinem Dasein die Poesie rauben, aber das erschwert natürlich auch die Suche. Müdigkeit übermannt einen, nicht nur körperlich, sondern existentiell. Ist das das Leben, das man als Jugendlicher führen wollte? Die Vorstellung, irgendwann umziehen zu müssen, löst bei mir nächtelange Panik aus. Ich trenne mich manchmal von einem Buch, um vorsorglich Ballast abzuwerfen, aber dann werden mir zwei neue zum Rezensieren geschickt. Wie soll man ohne Personal im Kampf mit dem eigenen Haushalt bestehen? «*Wohl wünschte Oblomow, daß es bei ihm sauber wäre, aber er wollte, daß dies unbemerkt, irgendwie von selbst vonstatten ginge.*» Genau! Deshalb gucken wir ja so gerne «Das Haus am Eaton Place», weil es so beglückend ist, diesen vielen Bediensteten bei der Arbeit zuzusehen. Ohne Magd, Diener, Koch, Chauffeur, Kindermädchen und Butler findet man schwer die Zeit, «Oblomow» zu lesen. Die Kinder stehen jetzt immer um fünf Uhr morgens auf, ich soll für einen Artikel im Schwimmbad vom Zehn-Meter-

Turm springen, für meinen neuen Roman muß ich eine Reise nach Zentralasien organisieren, im Kindergarten ist «Bausamstag», besonders Väter sollen sich eintragen, denn es seien Regale abzumontieren, meine erste Darmspiegelung steht an, ich muß sechsmal zum Physiotherapeuten wegen chronischer Leistenprobleme vom Fußball, ich lege Einspruch gegen die letzte Mieterhöhung ein, ich habe nämlich keine Einhebelmischbatterien, und meine Wohnung befindet sich nicht in «*bevorzugter Citylage mit repräsentativen, überregional ausstrahlenden Einkaufsmöglichkeiten*» (es sei denn, damit sollte mein REWE gemeint sein). Laut Klägerseite soll ich mehr zahlen, weil ich «*in fußläufiger Nähe von touristischen Sehenswürdigkeiten wie der Gedenkstätte Berliner Mauer wohne*». Wann fängt das an im Leben, daß man die meiste Zeit mit Dingen beschäftigt ist, die einen vom Wesentlichen ablenken? Oblomow ist auf dem Weg zur Vollkommenheit schon deutlich weiter: «*Ihn überkam ein Gefühl heitren Friedens, daß er von neun bis drei und von acht bis neun zu Hause auf dem Sofa liegen konnte, und er war stolz darauf, daß er keine Meldungen erstatten, keine Schriftstücke aufzusetzen brauchte, sondern seinen Empfindungen, seiner Phantasie frei nachgehen durfte.*» Denn er tut ja nicht «nichts», er lehnt nur die Geschäftigkeit seines Zeitalters ab und gibt sich lieber langen, angenehmen Tagträumen hin. Was sollte er bei den Mussinskis? «‹*Was Sie da sollen! Das ist ein Haus, in dem über alles gesprochen wird …*› ‹*Das ist ja gerade langweilig, daß über alles gesprochen wird*›, sagte Oblomow.*» Diesen Charakter als Parodie auf den parasitären russischen Adel seiner Zeit zu verstehen, der sich auf Kosten leibeigener Bauern ein müßiges Leben leisten konnte, ist mir viel zu simpel. Oblomow geht es doch um mehr. Hinter der Rastlosigkeit seiner Zeitgenossen und ihrer Gier nach den neuesten Nachrichten vermutet er (zu Recht!) eine gähnende Leere. Zum «Otium cum dignitate» wären sie gar nicht fähig. «*Wo bleibt der Mensch? Wo ist der Mensch in seiner Ganzheit? Wohin ist er verschwunden? Wie hat er sich in lauter kleine Münzen verausgaben können?*»

Oblomow hat einen Antipoden, seinen einzigen Freund Stolz, der von einem deutschen Vater und einer russischen Mutter abstammt. Er ist einnehmend, energisch, klug, gewissenhaft, «*Keine seiner Bewegungen war überflüssig*». Stolz hat Oblomow noch nicht aufgegeben und will ihm helfen, seine Lethargie zu überwinden: «‹*Die Arbeit ist Bild, Inhalt, Element und Ziel des Lebens.› ‹Nein, mein Leben hat mit dem Erlöschen begonnen. Seltsam, und doch ist es so! Vom ersten Augenblick an, da ich bewußt zu leben begann, fühlte ich, daß ich schon erlösche.*›» Stolz überredet Oblomow, Petersburg für eine gemeinsame Auslandsreise zu verlassen, Oblomow kauft sich schon ein Reisenecessaire und einen Beutel für Eßwaren (woraufhin man ihn belehrt, daß man ins Ausland keine Eßvorräte mitzunehmen brauche). Es kommt aber nie zu dieser Reise. Oblomow schafft es auch nie, den Reformplan für die Verwaltung seines Guts auszuarbeiten. Mal ist kein Papier da, dann ist die Tinte eingetrocknet, er sinkt ermattet zurück aufs Sofa. Die Verschiedenheit der Freunde wird von Gontscharow auf ihre Abstammung und Erziehung zurückgeführt. Ohne seine russische Mutter wäre Stolz vielleicht auch ein strenger Pedant wie sein deutscher Vater geworden. Aber: «*Das russische Leben malte seine unsichtbaren Ornamente hinein und machte aus der farblosen Tabelle ein farbenfrohes, breitangelegtes Gemälde.*» Ohne seinen Vater hätte die Mutter ihn allerdings nach russischer Art mit zärtlicher Liebe überschüttet und lebensuntüchtig gemacht. Der Vater hat ihn zur Selbständigkeit erzogen, streng, unnachgiebig und ohne jede Empathie. Als Stolz einmal eine Woche in die Wälder ausbüxt, verzichtet sein Vater darauf, ihn suchen zu lassen. Als er wieder auftaucht, fragt er ihn lediglich, ob er die deutsche Übersetzung aus dem Cornelius Nepos fertig habe. Mit einem Fußtritt schickt er ihn wieder fort, bis er seine Hausaufgaben gemacht habe. Die endgültige Verabschiedung zwischen den beiden, als der Vater seinen Sohn – die Mutter ist schon gestorben – in die Fremde ziehen läßt, läuft so ab:

«‹Na!› sagte der Vater.

‹Na!› sagte der Sohn.

‹Alles fertig?› fragte der Vater.

‹Jawohl›, antwortete der Sohn.

Schweigend blickten sie sich an, als wollten sie mit diesem Blick einander auf den Grund der Seele schauen.»

Die russischen Bediensteten brechen ob dieser Herzlosigkeit in Tränen aus. Oblomows Erziehung ist das ganze Gegenteil davon und wird in einem langen, wundervollen Kapitel beschrieben, das sich der Trägheit und Ereignislosigkeit auf dem Gut von Oblomows Eltern widmet. Für die endlos gedehnte Zeit heißer Kindheitssommer sind nie bessere Worte gefunden worden. Oblomow ist damals noch ein aufgewecktes Kind, das sich wie in einem Traum «*allein auf der Welt*» bewegt, wenn die Erwachsenen den halben Tag in der Hitze dösen. Niemand verlangt etwas von ihm, niemand bereitet ihn aufs Leben vor. Für Stolz liegt hier der Grund für sein Versagen: «*Es fing damit an, daß du es nicht verstandest, dir die Strümpfe anzuziehen, und es endete damit, daß du nicht zu leben verstehst.*» Was findet Stolz an dem so anders gearteten Oblomow? Er liebt ihn, weil im tiefsten Grunde seiner Natur etwas Reines, Lichtes, Gutes lebt, wie bei keinem anderen. Oblomows Seele ist für diese Welt nicht gemacht. Er hat sogar einmal gearbeitet, aber als Beamter ist er bald gescheitert: «*Ilja Iljitsch war der Meinung, ein Chef versetze sich so sehr in die Lage seines Untergebenen, daß er sich besorgt danach erkundige, wie man geschlafen habe, warum man trübe blicke und ob man nicht vielleicht Kopfweh habe.*» Und sollte ein Chef nicht auch so sein? Ist es so falsch, das zu erwarten? Warum wirft man Oblomow vor, daß er sich von allen betrügen läßt, die Schuld liegt doch wohl bei den Betrügern? Wie lästig, er soll seinem Gutsverwalter eine Vollmacht schicken: «*Eine Vollmacht soll ich ihm schicken und soll sie auf dem Amtsgericht beglaubigen lassen? Ich weiß ja nicht einmal, wo das Amtsgericht ist und wie man die Tür zu diesem Gericht öffnet!*» (Und ich soll mich dem Amtsgericht gegenüber zu den Behauptungen des Anwalts der Klägerseite äußern, daß meine Miete in den obersten Bereich des Mietspiegels gehört, obwohl meine Badewanne keinen Spritzschutz hat. Da sage ich mit Oblomow: «*Ach, wie ist das langweilig!*» Erfolg hat in dieser Welt, wer am meisten Langeweile erträgt. Man sieht es an den Gesichtern gealterter Machtmenschen.)

Eine Frau tritt auf, Olga. Sie macht sich über Oblomows Geistesabwesenheit lustig, sie gewöhnt ihm das Schlafen am Nachmittag ab (die Grausame!). «*Wenn er sich manchmal nur anschickte zu gähnen, den Mund auftat, so traf ihn schon ihr erstaunter Blick. Im selben Augenblick klappte er den Mund zu, daß die Zähne aufeinanderschlugen.*» Und noch schlimmer: «*Sie erkundigte sich nicht nur danach, was er getan hatte, sondern auch, was er zu tun vorhabe.*» Sie verlieben sich, und es beginnt ein quälendes Hin und Her, bis sie sich ihre Gefühle endlich auch gestehen, weil der Anstand normale Kommunikation zwischen den Geschlechtern damals noch verbot. Für eine kurze Zeit entspricht Oblomow Olgas Idealtypus von Mann, «*der durch sie zum Leben erwachte, wenn nur durch den Strahl ihres Blickes und durch ihr Lächeln lebendiges Feuer in ihm entbrannte und er nicht aufhörte, in ihr das Ziel des Lebens zu erblicken*». Wie ärgerlich, seine philosophische Verweigerungshaltung wird zur Depression eines Einsamen abgewertet, die nun, durch eine Frau, besiegt ist: «*Sein Blut kochte, seine Augen glänzten. Ihm schien, daß selbst sein Haar in Flammen stünde.*» Aber das ist nur eine falsche Fährte, Gontscharow ist viel gerissener. Die lange romantische Episode ist nicht nur für den Leser anstrengend, sondern noch mehr für Oblomow selbst. Wieder in Petersburg, denkt er: «*Ach, wenn ich doch nur die Wärme der Liebe spürte, ohne ihre Aufregungen zu spüren.*»

Ich bin aus Kasachstan zurück, der Physiotherapeut verdonnert mich zu Übungen mit einer Faszienrolle (in der «Öko-Test» lese ich, daß das Material Quecksilber enthält), der Kindergarten, wo ich inzwischen mit einem Schraubenzieher die staubigen Heizkörper von Essensresten gereinigt habe, schließt drei Wochen, weil das Gesundheitsamt weitere Umbauten verlangt (der Wickeltisch gehöre ins Bad), der Sommer ist kalt und regnerisch, das Finanzamt schickt eine Tabelle, in die ich die Anschaffungskosten sämtlicher Objekte aus meinem Arbeitszimmer eintragen soll, der Vermieter begründet seine Mieterhöhung inzwischen mit einem Wohnungsgrundriß von 1910, laut dem mein Bad ein Fenster hat, im Familienurlaub mit Kindern, der anstrengender ist als jeder Alltag, schaffe ich täglich zwei Seiten «Oblomow», weil mir abends sofort die Augen zufallen, wir gehen in diesem Sommer im Hellen schlafen, weil wir ja schon um fünf Uhr aufstehen müssen.

Oblomow kann sich nicht aufraffen, sich um eine gemeinsame Wohnung für Olga und ihn zu kümmern, er hat inzwischen eine Wirtin, deren Bruder ihn übertölpelt und schamlos ausnimmt, aber ihre Pasteten schmecken so gut. Olga gibt schließlich auf und heiratet Stolz, was nicht heißt, daß sie zufrieden wäre, etwas nicht näher zu Bezeichnendes fehlt ihr: «*Unglücklich könnte ich nur darüber sein ..., daß ich zu glücklich bin!*» Kein Wunder, daß diese Frau ihm zu anstrengend ist und Oblomow sich bei seiner Wirtin besser aufgehoben fühlt («auf der Wyborger Seite», wo man nachts die Wölfe heulen hört), er liegt auf dem Sofa und guckt durch die geöffnete Küchentür zu, wie sie mit ihren «*hin und wieder huschenden, rüstigen, nackten Armen*» den Haushalt schmeißt. Sie näht, kocht, putzt, und ihr Kaffee schmeckt hervorragend. Ihr Haus mit seinen Vorräten ist «*eine Arche des häuslichen Lebens*». Und sie flickt sogar ungefragt seinen Schlafrock, den zerschlissenen Chalat, den Olga, die Siestaverächterin, ihm verboten hatte! Sie kennt kein größeres Glück, als den gnädigen Herrn zu umsorgen. Sie heiraten sogar. Wenn er seine Frau so vom Sofa aus beobachtet, fühlt sich Oblomow zeitweise in seine Kindheitsidylle zurückversetzt, und es gelingt ihm, «*sorglos wie ein neugeborenes Kind*» dazuliegen. «*Ja, die Leidenschaft muß in Schranken gehalten, erstickt und in der Ehe ersäuft werden ...*», sagt Gontscharow. Letzte Vorstöße von Stolz, den Freund für etwas anderes zu interessieren, scheitern. Seinem Ziel, vom Leben möglichst wenig wahrzunehmen, ist dieser sympathische Hypersensible am Ende beneidenswert nahe gekommen: «*Im Lauf der Jahre kamen die Erregungen und die*

Reuestunden seltener, und still versank er in dem einfachen und breiten Sarge seines Daseins, den er sich eigenhändig gezimmert hatte.» Ich kann darin nichts Pathologisches erkennen, eine ganze Esoterikindustrie lebt bei uns von dem Versprechen, ihren Kunden zu Seelenruhe und innerem Frieden zu verhelfen, sie sollten lieber dieses Buch lesen, dessen Held es aus eigener Kraft geschafft hat. Er stirbt schließlich ohne Schmerzen, «*so etwa, als wäre eine Uhr stehengeblieben, die man vergessen hat aufzuziehen*».

Die Geschichte vom aussterbenden Saurier, dem ausbrechenden Vulkan, dem einbrechenden Einbrecher, dem Wettlauf zwischen Feuerwehrmann und Gepard und dem Piraten, der sich nicht verkleidet hatte

Meine Freundin ist der Meinung, ich sollte mir gemeinsam mit unserem Sohn Geschichten ausdenken, statt immer nur Bücher vorzulesen, denn bei Büchern sei «alles vorgegeben», während das Ausdenken von Geschichten die Phantasie fördere, wobei sie natürlich nur die Phantasie unseres Sohns im Blick hat, meine ist ihr egal.

«Meine Phantasie ist dir egal.»

«Du denkst doch immer nur an dich.»

«Stimmt gar nicht, ich denke auch oft daran, wie King Kong gestorben ist.»

Da meine Phantasie als Kind nicht gefördert wurde, fällt es mir schwer, mir etwas auszudenken, mein Kopf ist dann plötzlich ganz leer. Wenn ich verantwortlich gewesen wäre für die Erschaffung der Welt, gäbe es nur einen Kontinent, der von einer Sorte Tiere bewohnt wäre, die nichts Besonderes könnte, deren Fell kein schönes Muster hätte und deren Version als Schleich-Tier niemand kaufen würde. Trotzdem gebe ich mir Mühe, ich will ja nicht, daß meine Freundin von mir enttäuscht ist, denn um mir das vorzustellen, brauche ich keine Phantasie. Also sage ich abends beim Ins-Bett-Bringen zu Fritzchen:

«Wir lesen heute kein Buch vor, heute denken wir uns selbst eine Geschichte aus.»

«Ich will aber lieber ein Buch.»

«Nein, ausdenken macht viel mehr Spaß. Also: Es war einmal …»

«Die Geschichte kenne ich schon.»

«Die denke ich mir doch gerade aus!»

«Trotzdem.»

«Dann nehme ich eine andere.»

«Ja, eine andere.»

«Na, gut, also: Es war einmal …»

«Ist die gruslig?»

«Nein, ich mag keine Gruselgeschichten.»

«Und woher kennst du sie?»

«Ich denke sie mir doch gerade aus.»

«Aber wie?»

«Das kann man nicht erklären, ich benutze meine Phantasie.»

«Ich will aber eine richtige Geschichte hören, keine ausgedachte.»

«*Alle* Geschichten sind ausgedacht.»

«Gar nicht, manche stimmen auch.»

«Dann denke ich mir eine aus, die stimmt, okay?»

«Können wir nicht einfach ein Buch vorlesen?»

«Nein, das können wir nicht. Also: Es war einmal ein armer Schneider.»

«Warum kein Pirat?»

«Um nicht mehr so arm zu sein, wurde der Schneider Pirat, fuhr mit dem Schiff über die Meere und raubte andere Schiffe aus. Für die geraubten Schätze hatte er eine Schatztruhe, die er sorgfältig mit dem Schlüssel verschloß.»

«Und wenn er den Schlüssel verliert?»

«Dann hängt er in der Gegend Zettel auf, ob ihn jemand gefunden hat.»

«Ich würde mir einen Ersatzschlüssel machen lassen.»

«Das hat er ja, der Ersatzschlüssel liegt bei den Nachbarn.»

«Wohnt der Pirat denn in einem Haus?»

«Nein, die Nachbarn sind auf der Nachbarinsel. Aber sie kommen ab und zu Blumen gießen, wenn der Pirat mit dem Schiff unterwegs ist.»

«Wohin denn?»

«Er muß ja auch mal einkaufen.»

«Wieso, er kann sich doch alles von anderen nehmen.»

«Aber die haben ja nicht immer alles dabei, was er braucht.»

«Und außerdem fahren sie ja schnell weg, wenn er kommt.»

«Genau, und da es in der Südsee, wo er meistens unterwegs ist, sehr heiß ist, muß er oft einkaufen, um sich mit frischen Sachen zu versorgen, die sich ohne Kühlschrank nicht lange halten, sonst bekommt er Skorbut.»

«Was ist Skorbut?»

«Das ist, wenn einem die Zähne ausfallen, weil man keine Vitamine ißt.»

«So wie bei Oma.»

«Genau.»

«War die früher auch Pirat?»

«Nein, die hatte nur kein Mundpflegecenter mit Munddusche.»

«Gibt es in der Südsee Vulkane?»

«Ja, ich glaube.»

«Dann will ich da nicht hin.»

«Mußt du ja auch nicht.»

«Cosmo war schon mal in Thailand mit seinen Eltern.»

«Das ist ganz schön weit weg.»

«Sie sind ja geflogen.»

«Das würde mir trotzdem zu lange dauern.»

«Aber das Flugzeug war mit Hello Kitty bemalt.»

«Kann ich weitererzählen? Ich muß nachher noch arbeiten. Also, der Pirat fand beim Spazieren eine geheime Schatzkarte, die er niemandem zeigte. Er mußte nun nur noch die Insel finden, auf der der Schatz vergraben war.»

«Vielleicht gibt es da Dinos?»

«Nein, die sind doch ausgestorben.»

«Der T-Rex ist der schnellste Dino.»

«Da weißt du mehr als ich.»

«Aber Gepards sind noch schneller.»

«Meinst du?»

«Ja, soll ich dir mal zeigen, wie schnell ein Gepard ist?»

«Vielleicht lieber nicht jetzt. Also ein Gepard ist nicht auf der Insel, weil die zu klein für ihn wäre, da könnte er seine Schnelligkeit nicht ausspielen.»

«Lotte hat schon mal einen Gepard gesehen.»

«Einen echten?»

«Ja, im Zoo. Und Aaron ist schon mal mit einem Feuerwehrauto gefahren. Ich werd aber nicht Feuerwehrmann.»

«Nein? Wieso?»

«Ich werd Polizist, aber da braucht man Handschellen. Ist Dieb auch ein Beruf?»

«Nein, glaub ich nicht.»

«Aber Einbrecher.»

«Ich weiß nicht, werd lieber Polizist.»

«Gibt es in Deutschland Vulkane?»

«Ich glaube nicht.»

«Aber der schlimmste Vulkan ist in Island. Kann man den angucken?»

«Ja, sicher.»

«Das würde ich nicht machen.»

«Mußt du ja auch nicht.»

«Ich würde da höchstens mit dem Hubschrauber hinfliegen und, wenn der Vulkan ausbricht, schnell wegfliegen. Aber Gepards können noch schneller rennen als ein Vulkan.»

«Die Feuerwehr kann ja das Feuer löschen, wenn der Vulkan ausbricht.»

«Nein, das schafft sie nicht.»

«Mit einem Spezialschaum.»

«Nein, das geht nicht.»

«Mit Hubschraubern und Vulkanlöschmittel.»

«So etwas gibt es nicht.»

«*Meine* Feuerwehr *kann* meinen Vulkan löschen!»

«Aber nicht meinen, das schafft keiner.»

«Doch, ich denk mir einfach einen Feuerwehrmann aus, der das kann.»

«Dann denke ich mir einen Vulkan aus, der stärker ist!»

«Wir wollen doch jetzt nicht streiten. Also, unser Pirat hat die richtige Schatzinsel für seine Schatzkarte gefunden und braucht nie wieder arbeiten zu gehen.»

«Kann ein Pirat zum Fasching als Pirat gehen?»

«Natürlich, warum nicht?»

«Aber ich glaube, der macht das nicht. Das macht dem ja dann keinen Spaß.»

«Nein, glaube ich auch nicht.»

«Gehen echte Piraten denn zum Fasching?»

«Ich weiß nicht, ich frag nachher Mama. Aber jetzt machen wir mal das Licht aus.»

Wenn Fritzchen endlich schläft, gehe ich zurück ins Wohnzimmer, wo meine Freundin schon das Essen angerichtet hat, sie freut sich auf ihre Lieblingsserie, von der sie abends gerne eine Folge guckt, «zum Runterkommen», wie sie sagt. Aber heute habe ich eine bessere Idee, heute gucken wir keine DVD, sondern wir denken uns selbst eine Serie aus, das macht Spaß und fördert die Phantasie, auch wenn sie vielleicht keine Lust hat, aber es ist wichtig, daß man als Partner nicht immer den Weg des geringsten Widerstands geht, nur um sich Ärger zu ersparen, das macht es einem zwar kurzfristig leichter, kann aber langfristig Probleme bringen.

DON RÖSCHEN

Top 10 der Schriftstellerfrauen,
Platz 1: Céleste Albaret

An anderen Autoren interessiert mich, wie sie ihr Leben organisiert haben, um arbeiten zu können, denn das ist eines der wichtigsten Talente, über das man verfügen muß. Erst fünfzig Jahre nach seinem Tod hat Céleste Albaret, die Haushälterin von Marcel Proust, über ihre Tätigkeit für ihn gesprochen. Ein Lektor hat aus diesen Gesprächen «Monsieur Proust» gemacht, ein Buch über die ewige Suche nach den für einen Autor perfekten Arbeitsbedingungen (die es natürlich nie geben kann). Céleste Albaret war als junges Mädchen nach ihrer Hochzeit mit Prousts Chauffeur vom Dorf nach Paris gezogen. Zunächst trug sie nur Prousts signierte Bücher an Freunde aus, rosa eingeschlagen für Frauen, blau für Männer. Dann durfte sie schon die Post austragen, man brachte sie damals zum Empfänger und wartete ab, daß er seine Antwort schrieb. Nach und nach übernahm sie Prousts ganzen Haushalt, den sie acht Jahre lang führte, die glücklichste und aufregendste Zeit ihres Lebens. Sie wurde zu seiner wichtigsten Bezugsperson. Sie hat es nie als Belastung empfunden, für ihn zu arbeiten, obwohl das bedeutete, daß sie, genau wie Proust, nachts arbeiten und tagsüber schlafen mußte. Aber ob es Tag war oder Nacht, spielte ohnehin keine Rolle, weil die Fenster immer geschlossen und die Vorhänge zugezogen waren. Schon mit seiner Mutter hatte Proust, als er noch bei ihr wohnte, wegen der unterschiedlichen Schlafenszeiten brieflich verkehrt. Proust hielt sich immer im Schlafzimmer auf, an dessen Wände Korkplatten genagelt waren, um

Geräusche zu dämmen. Er gab den Bediensteten in der darüberliegenden Wohnung Geld, damit sie sich Filzhausschuhe anschafften.

Proust aß fast nichts, aber wenn er aufwachte, brauchte er Milchkaffee und zwei Hörnchen, manchmal ein drittes, das für den Fall extra warmgehalten wurde. Alles mußte auf einer bestimmten Untertasse liegen, die zur Kaffeetasse paßte.

Die Milch wurde jeden Morgen von einem Milchgeschäft gebracht, natürlich ohne daß die Leute schellten. Der Kaffee kam von Corcellet, einer Rösterei in einem Laden im XVII. Arrondissement. Es wurden auch nur Corcellet-Filter benutzt. Man mußte den Kaffee im Filter festdrücken, damit er stark wurde, und das Wasser langsam durchlaufen lassen, der Filter wurde im Wasserbad warmgehalten. Es wurden drei Tassen zubereitet, falls Proust nach den üblichen zwei Tassen noch eine weitere wünschte, was aber selten vorkam.

Die Zeit, wann er den Kaffee trinken würde, bestimmte er immer am Vortag. Der Kaffee mußte dann vorbereitet sein, wenn Proust läutete. Wenn er nicht läutete, mußte neuer Kaffee vorbereitet werden, denn wenn Proust irgendwann doch läutete, mußte der frische Kaffee fertig sein. Sonst sagte Proust: «Der Kaffee ist miserabel, das Aroma ist weg.»

Eines Tages hatte es zum ersten Mal zweimal geschellt, das hieß, daß Céleste die Ehre hatte, Proust sein Hörnchen zu bringen. Sein Zimmer war voller Rauch, er saß in einer Wolke, und sie sah nur seine schwarzen Augen. Weil er stark an Asthma litt, räucherte er nach dem Aufwachen mit einem speziellen Pulver die Luft. Hatte er geschellt, durfte Céleste nicht anklopfen, sie betrat dann direkt das Zimmer. Neben dem Bett stand ein Tisch mit einem silbernen Tablett, einer kleinen silbernen

Kaffeekanne, der Tasse, der Zuckerdose und dem Milchkännchen. Sie mußte die Untertasse aufs Tablett stellen und sich schweigend zurückziehen. Weil ihm das Sprechen wegen seines Asthmas manchmal schwer fiel, teilte er seine Wünsche über Gesten mit.

Die Räucherung erfolgte mit Legras-Pulver, das auf einer Untertasse entzündet wurde. Streichhölzer hätten einen Erstickungsanfall auslösen können, deshalb wurde ein Streifen weißen Papiers in eine Kerze gehalten und mit dem brennenden Papier das Pulver angezündet. In einer Schachtel lag immer ein Vorrat von Papier zum Anzünden des Pulvers bereit, aus Angst vor Staub hielt Proust sie fest verschlossen. Tag und Nacht mußte ein brennender Leuchter in einem Korridor hinter dem Kopfende von Prousts Bett stehen. Die Kerze selbst mußte natürlich in der Küche angezündet werden.

Weil sein Asthma und die Erschöpfung von der Arbeit ihm das Reden erschwerten, sagte Proust nicht danke, sondern machte nur «eine wunderbar weiche Handbewegung». Oft kommunizierte er mit Céleste über Zettel. Die meiste Zeit sah es so aus, als würde er schlafen, weil er mit geschlossenen Augen im Bett lag, aber er wanderte dann in Gedanken durch seinen Roman.

Für die Nacht stellte Céleste ihm immer ein Lacktablett mit Lindenblütentee und einer Flasche Évian-Wasser ans Bett, das er in den acht Jahren aber nie anrührte.

Wenn sie das Zimmer betrat, lächelte er, er war ungeheuer höflich und einfühlsam, sie opferte sich gerne für ihn auf. Schließlich mußte das Buch fertig werden, und nur das zählte. Oft, wenn sie einen Spruch anbrachte, den sie von ihrer Mutter hatte, sagte Proust: «Das gefällt mir, das nehme ich in mein Buch auf.»

Einmal im Jahr fuhr Proust zum Seeurlaub in die Normandie, seine Bettdecken wurden mitgenommen. «Wissen Sie», sagte er, «das Hotel schließt im Winter. Wenn ihre Decken auch noch so gut gelüftet sind, sie riechen doch nach Naphthalin, und das würde mich belästigen.» Er mietete drei nebeneinanderliegende Zimmer, damit in den angrenzenden Zimmern seine Dienstboten schlafen konnten, die auf seine Geräuschempfindlichkeit Rücksicht nahmen. In Paris wurde während seiner Abwesenheit von einer Firma mit großen Staubsaugern die Wohnung gereinigt.

Auf der Rückfahrt nach Paris erlitt er immer zwischen Mézidon und Calvados Erstickungsanfälle, möglicherweise lag es an bestimmten Pflanzen, die dort wuchsen. Nach einem besonders schlimmen Anfall stellte er das Reisen ein. Seine Bronchien seien wie gekochter Gummi. Er litt unter der Angst, vor Beendigung seines Buchs zu sterben. Ab 1914, also die letzten acht Lebensjahre, widmete er sich nur noch dem Roman. Sogar das Telefon gab er auf.

Er hatte nach dem Tod der Eltern und eines Onkels so viele Möbel geerbt, daß er Abteilungen in Möbellagern mietete. Trotzdem stand das Eßzimmer bis zur Decke voller Möbel, es wurde nie betreten.

Céleste durfte nicht bohnern, wegen des Geruchs. Niemand durfte Parfüm benutzen, Blumen waren verboten, obwohl Proust sie über alles liebte. Zur Baumblüte ließ er sich von seinem Chauffeur aus der Stadt fahren und bewunderte durch die geschlossene Fensterscheibe des Autos lange einen Zweig. Prousts Nase war äußerst empfindlich, einmal legte ihm Céleste seine Handschuhe hin, und er sagte: «Diese Handschuhe sind gereinigt worden. Sie riechen nach Benzin.» Sie konnte ihm nichts verheimlichen.

Es lagen immer Stöße von Taschentüchern auf dem kleinen Nachttisch neben dem Bett. Er benutzte jedes nur einmal und warf es auf den Boden. Es durften keine anderen Taschentücher angeschafft werden, denn nur diese hatten ein so feines Gewebe, daß sie seine empfindlichen Schleimhäute nicht reizten. Er merkte sofort, wenn ein neues darunter war.

Deshalb wurde auch nie geheizt, weil die Zentralheizung zu trocken für seine Nase war und er den Ofenruß nicht ertrug.

Auf dem Bett lag er unter einer Tagesdecke, die ihn an eine Decke bei seiner Tante erinnerte. Ein Federbett war extra angefertigt worden, kam aber wegen seines Asthmas nicht zum Einsatz.

Céleste mußte Wärmflaschen machen und ihm Pullover reichen. Er benutzte wollene Unterhosen von Rasurel und Pullover aus Pyrenäenwolle. Auf dem Sessel lag immer ein Vorrat davon, weil er sie sich im Bett über die Schultern warf und sie ihm als Stütze dienten. Manchmal schellte er, damit ihm Céleste einen weiteren Pullover reichte.

Proust stand am späten Nachmittag auf und kam, wenn er ausging, nachts gegen vier bis fünf Uhr nach Hause. Dann unterhielt er sich noch drei bis vier Stunden mit Céleste und erzählte ihr, wie der Abend gewesen war und wen er getroffen hatte. Das waren für sie zauberhafte Stunden. Lieber wäre er zu Hause geblieben, aber er mußte ausgehen, wenn er bestimmte Leute für sein Buch studieren wollte.

Alle Besorgungen waren genau vorgeschrieben:

Fische kaufte Céleste bei Félix Potin an der Place Saint-Augustin.

Windbeutel von Bourbonneux, Rue de Rome.

Mokkacreme von Latinville, Rue la Boétie.

Obst gab es bei Auger am Boulevard Haussmann.

Einmal sollte sie ihm aus dem Restaurant Larne eine Poire Bourdaloue bringen.

Eis wurde aus dem Ritz geholt.

Konfitüre bei Tanrade in der Rue de Sèzerier.

Bier aus der Brauerei Lipp am Boulevard Saint-Germain.

Lackstiefel von Old England am Boulevard des Capucines.

Eigens angefertigtes Zahnpulver aus der Apotheke Leclerc.

Proust benutzte wegen seiner Haut keine Seife, nur feuchte Handtücher, zwanzig Stück jeden Morgen. Das Wasser mußte auf fünfzig Grad erhitzt werden, weil es dann, bis er soweit war, sich zu waschen, die richtige Temperatur hatte. Seine Wäsche wurde in Frottiertücher gewickelt und in der Bratröhre angewärmt.

Vor dem Ausgehen wurden Handschuhe und Taschentücher auf einem silbernen Tablett in der Diele bereitgestellt. Dazu Pelz, Spazierstock und ein passender Hut. Er besaß nie einen Schlüssel, oder er wußte nicht, wo er sich befunden hätte.

In seiner Abwesenheit wurden das Bett und der Boden von Zeitungen und Papieren geräumt. Proust selbst bückte sich nie. Gründlicheres Aufräumen war verboten, weil das Staub aufgewirbelt hätte.

Gegen Ende seines Lebens trug er aus Angst vor Mikroben im Bett Handschuhe, wenn Besucher kamen. Außerdem wurde ein Apparat angeschafft, in dem mit Formalin alle Briefe desinfiziert wurden. Er ernährte sich zu dieser Zeit fast ausschließlich vom morgendlichen Milchkaffee. Nur manchmal mußte man ihm um zwei Uhr nachts ein kaltes Bier aus dem Ritz bringen.

Bis zum letzten Tag schrieb er, obwohl er kaum noch stehen konnte und unter Schwindelanfällen litt. Der größte Teil seines Buchs erschien nach seinem Tod.

Ihr Leben lang wurde Céleste von Neugierigen bestürmt, ihnen von ihrer Zeit bei Proust zu erzählen, aber sie schwieg fünfzig Jahre lang. Erst als ihr zuviele Unwahrheiten kursierten, brach sie ihr Schweigen.

Wo findet man heute noch solches Personal?

Digital ist schlechter

In der Christenlehre, zu der ich als einziges Kind meiner Ostberliner Klasse einmal in der Woche ging, las uns unsere Katechetin Frau Schlorf in der Vorweihnachtszeit aus «Die Kinder von Bullerbü» vor, ihr Exemplar war mit Kohlepapier auf dünnem, fast durchsichtigem Papier abgetippt worden, als einer von vielleicht fünf Durchschlägen, es gab ja keine Kopiergeräte, und «Bullerbü» war in der DDR noch nicht erschienen. Im Buch geht es um Kinder, die in einer Welt ohne Radio, Fernseher, Smartphones, Smartboards, Tablets, Internet, Spielkonsole, soziale Netzwerke, Drohnen und Alexa aufwachsen, und auch die Eltern tauchen eigentlich kaum auf. Wenn die Kinder Zeit haben, zum Beispiel auf dem Schulweg, den sie auch im Winter zu Fuß zurücklegen, balancieren sie auf Zäunen und denken sich gemeinsam Geschichten aus. Wenn sie von zu Hause aus miteinander kommunizieren wollen, schreiben sie Zettelchen, stecken sie in eine Streichholzschachtel und ziehen sie an einer Schnur von Fenster zu Fenster. Einmal spielen sie im Kuhstall, wo es im Winter warm ist, «Hinfallen» und lachen sich dabei kaputt. Zu Weihnachten bekommt jedes Kind von der Lehrerin, die im Schulgebäude wohnt, ein Märchenbuch geschenkt, manche lesen ihres schon auf dem Heimweg im Gehen. Ich kann mir keine glücklichere Kindheit vorstellen, und das konnte ich auch als Kind schon nicht, allerdings verstand ich damals noch nicht, warum: weil so viele Dinge, die ich mir wünschte, in Bullerbü noch nicht bekannt gewesen waren. Wenn man mit Eltern darüber spricht, wie ihre Kinder aufwachsen, hört man oft, die alten Spiele seien für heutige Kinder nicht mehr interessant, die Kinder seien eben anders und hätten andere Bedürfnisse und Interessen. Das halte ich für falsch, die Kinder sind nicht anders, nur die Welt der Erwachsenen, der diese ihre Kinder aus Gleichgültigkeit, Gedankenlosigkeit, Faulheit oder, noch schlimmer: als vermeintliches Training für die spätere Karriere aussetzen, ist anders geworden. Da die Digitalisierung nicht mehr aufzuhalten ist,

wird es in Zukunft darum gehen, analoge Schutzräume zu verteidigen, ohne die der Mensch nicht leben kann, den Körper, die Natur, die Träume, die Literatur, das Denken, die Liebe, aber vor allem die Kindheit.

Meine größte Angst als Kind war, daß ich später etwas werden, also mich für einen Beruf entscheiden mußte, an den ich dann bis zur Rente gekettet wäre. Ich malte mir aus, wie ich jeden Morgen, noch im Dunkeln, unsichtbar in einem endlosen Menschenstrom, durch ein Werktor ging, mit einer schweinsledernen Tasche unter dem Arm, in der ich Stullenbüchse, Thermoskanne und das Rätselheft für die Pause transportierte, um bei der Arbeit an einer Drehbank oder beim Montieren von Abwasserpumpen aus Langeweile immer wieder die Tage bis zur Rente zu zählen. Es gab einen Ausweg, meine Eltern waren Wissenschaftler, sie konnten zeitweise zu Hause, immer aber im Sitzen arbeiten, sie brauchten nur Bücher und eine Schreibmaschine, auf der ich zu tippen lernen mußte, wollte ich auch Wissenschaftler werden. Auf unserer «Mercedes»-Schreibmaschine, die schon die Flucht meiner Mutter aus Ostpreußen mitgemacht hatte, begann ich, nach dem Vorbild von Frau Schlorf, «Michel aus Lönneberga» abzutippen. Ich gab mein Vorhaben aber bald auf, weil ich feststellte, daß die Buchstaben auf den Tasten nicht nach dem Alphabet angeordnet waren, was das Tippen praktisch unmöglich machte, man mußte jeden Buchstaben immer wieder lange suchen. Ich bewunderte meine Mutter, die tippen konnte, ohne hinzusehen. Auch meine Schwester machte einen Schreibmaschinenkurs an der Volkshochschule, an dem aber nur Mädchen teilnahmen. Mit vierzehn wechselte ich auf eine Schule mit naturwissenschaftlicher Orientierung, obwohl ich jetzt einen Schulweg von einer Stunde hatte, war ich dazu bereit gewesen, denn die neue Schule hatte ein Computerkabinett, in dem wir einmal in der Woche Informatikunterricht bekamen, was es damals an normalen Schulen noch nicht gab. Das meiste der wertvollen sogenannten «Rechenzeit» ging dabei aber wieder für das Suchen der Buchstaben auf der Tastatur drauf. Um Zeit zu sparen, entwarfen wir unsere BASIC-Programme heimlich in den anderen für uns ohnehin überflüssigen Unterrichtsstunden, auf Kästchenpapier und testeten sie im Kopf, um sie im Computerkabinett abzutippen und zu erleben, wie sie nach dem Drücken der Enter-Taste lebendig wurden. Ein Medium zum Abspeichern gab es nicht, am Ende der Stunde war jedesmal alles verloren, spätestens, wenn der Lehrer den Hauptstecker aus der Dose zog, was er mit geradezu sadistischer Freude genau auf die Sekunde tat.

Meine Mutter konnte zwar zu Hause arbeiten, aber sie hatte einen Chef, der darauf achtete, daß sie am Ende des Jahres ihr «Soll» ablieferte, wie sie es nannte, also einen Stapel eng betippten Papiers in einer festgelegten Höhe. Dann saß sie zwischen Weihnachten und Silvester nächtelang am Schreibtisch in dem kleinen, nach Kohlepapier riechenden Zimmer, in dem sie arbeitete und wir fernsahen, und hämmerte murmelnd, und ohne hinzusehen, auf die Schreibmaschine ein (besonders schön klang es, wenn sie eine ganze Zeile nachträglich unterstrich). Ich brauchte also eine Arbeit, bei der ich einerseits zu Hause bleiben konnte, aber andererseits keinen Chef hatte. Außerdem sollte die Arbeit Spaß machen, sich also wie Spielen anfühlen. Man mußte entweder auf einem Gebiet forschen, das so kompliziert war, daß nur man selbst es verstand und einem niemand reinreden konnte, oder man mußte freischaffend sein. Es gab eigentlich nur zwei Berufe, die für mich deshalb in Frage kamen, Programmierer und Schriftsteller, für beide lernte man eine Art Geheimsprache, in der man seine Werke verfaßte, nur daß in Programmiersprachen geschriebene Texte für mich damals interessanter klangen. Ich stellte mir den Beruf heroisch vor, spätestens seit ich im Fernsehen «WarGames» mit Matthew Broderick gesehen hatte. Als Programmierer mußte man nie erwachsen werden und konnte trotzdem von zu Hause aus die Weltherrschaft erlangen, man mußte nur mit den Fingern auf eine Tastatur einhacken und konnte dabei sogar Kekse essen. Man war den Erwachsenen überlegen, die sich mit Technik nicht auskannten und oft nicht einmal alle Funktionen ihres neuen Taschenrechners ausprobierten, aus Angst, etwas kaputtzumachen.

Ganz anders war unser Verhältnis zur Technik, deren wahre Bestimmung für uns immer das Spiel war. 1981 wurden an manchen Berliner S-Bahnhöfen neue Fahrkartenautomaten angebracht. Sie hatten zur Bedienung ein Zahlenfeld, die Zahlen setzten sich aus kleinen Metallerhebungen zusammen, die man mit den Fingern berührte, um den Kontakt herzustellen.

Man mußte also nicht mehr mühsam auf Knöpfe drücken, sondern konnte mit den Fingerspitzen über die Zahlen gleiten wie über Blindenschrift, als streichle man den Automaten, um durch verschiedene Textmenüs mit grüner Schrift auf schwarzem Hintergrund zu navigieren. Beim Wandertag bildeten die Jungs am Bahnhof immer eine Traube um diese neuen Automaten. Jemand hatte eine Zahlenkombination herausgefunden, bei der das Gerät blockierte, woraufhin bei jeder Zahl ein anderer Piepston zu hören war, so daß man ganz leise eine einfache Melodie spielen konnte. Wenn man nur hartnäckig war und einen kein Erwachsener dabei störte, konnte man jedes Gerät aus deren Welt in ein Spielzeug zurückverwandeln oder wenigstens zum Systemabsturz bringen.

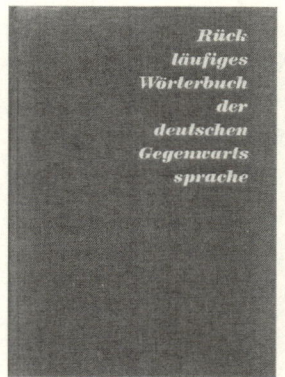

Da ich Westverwandte hatte und es, weil man in EDV-Berufen automatisch als Geheimnisträger galt, deshalb fraglich war, ob ich in der DDR Informatik studieren dürfen würde, mußte ich zweigleisig fahren und den anderen möglichen Beruf, der mir maximale Freiheit garantieren sollte, nicht ganz aus dem Blick verlieren. Wenn ich Schriftsteller werden wollte, mußte ich allerdings lernen, Gedichte zu schreiben, wofür ich wieder unsere Mercedes-Schreibmaschine benutzte. Das Problem waren die Reime, mir fielen häufig keine guten ein. Bestimmte Reime, wie «Herz» und «Schmerz», durfte man auch nicht benutzen, weil sie als peinlich galten. Wer mit so einem Reim erwischt wurde, machte sich lächerlich und war kein richtiger Schriftsteller mehr. Zum Glück besaßen meine Eltern ein Exemplar des «Rückläufigen Wörterbuchs» vom VEB Bibliographisches Institut Leipzig. Warum sollte man sich beim Reimen auf sein Wortgedächtnis verlassen, also praktisch auf den Zufall? Im rückläufigen Wörterbuch, das lediglich die Wörter enthielt und keine Erklärungen, wurden die Wörter vom Ende her sortiert aufgelistet, also beginnend mit dem letzten Buchstaben. Das war eine komplexe EDV-Aufgabe gewesen, die im Vorwort von 1964 ausführlich beschrieben wurde. Allein an Technik hatte man eine Schreibmaschine mit Lochbandstanzer, einen Streifenschreiber mit Empfangslocher, ein Bandabfühlgerät, einen Motorlocher, einen Lochschriftübersetzer, eine alphanumerische Tabelliermaschine und eine Sortiermaschine verwendet.

Hatte diese Methode wirklich schneller zum Ziel geführt, als die Wörter mit der Hand zu sortieren? Aber wer sagte denn, daß man durch Technik Zeit gewinnen mußte? Neuartige Technik erzeugt ja in Wirklichkeit immer auch neuartige, bis dahin völlig unbekannte Wartezeiten, wie das Hochfahren des Computers oder den Moment, den man warten muß, bis das Licht auf den Knöpfen der U-Bahn-Türen aufleuchtet und sie auf Berührung reagieren, oder die endlosen Sekunden, bis der Spülmechanismus der ICE-Toiletten endlich erwacht, das Tor zur Hölle sich fauchend öffnet und man, da alle Spuren beseitigt sind, das Kabuff beruhigt verlassen kann. Mit dem «Rückläufigen Wörterbuch» fand ich heraus, daß sich auf «Herz» «Erz», «Nerz», «Terz» und «Sterz» reimten. Aber ob ich von diesem Wissen leben konnte?

1986 fuhren wir, wie jedes Jahr, in eine kleine vogtländische Stadt, in der wir Sommer- und Winterurlaub machten. Diesmal überraschten uns im Flur der berüchtigten Gaststätte «Vogtländische Schweiz» neben den Toiletten zwei braune Sprelacart-Schränke mit eingebauter Farbfernsehbildröhre. Ein monoton dudelnder Sirenengesang lockte uns magisch an, wie alles Kybernetische in dieser Zeit. Meine Eltern warteten wie gewöhnlich stundenlang auf den Kellner, um ihre Bestellung loszuwerden, und anschließend noch einmal stundenlang, bis das Essen kam, und wir bettelten um fünfzig Pfennig, um eine Runde am «Poly-Play» spielen zu dürfen. Es war der einzige in der DDR hergestellte Arcade-Spielautomat, in zweitausend Exemplaren aufgelegt, entwickelt im Kombinat «Polytechnik und Präzisionsgerätewerke» Karl-Marx-Stadt. Ein Gerät kostete 23 000 Mark, und ich kann mir vorstellen, daß ich eine ähnliche Summe auch in Spiele daran investiert habe. Wir hatten noch keinen Heimcomputer, und die ausrangierten Donkey-Kong-Automaten aus dem Westen, die es auf dem Rummel gab, waren fest in der Hand der Großen. Fünfzig Pfennig kostete ein Spiel, so viel, wie ein Kilo Altpapier bei SERO einbrachte. Man konnte zwischen acht Spielen wählen (durchaus realistisch für die DDR «Wasserrohrbruch», unrealistischer dagegen «Skiabfahrtslauf», an dem sich die DDR bei Olympischen Spielen nicht beteiligte, und «Hirschjagd», die der Regierung vorbehalten war.

Für Mädchen gab es «Schmetterlinge fangen» und für die Eltern ein «Merkspiel»),

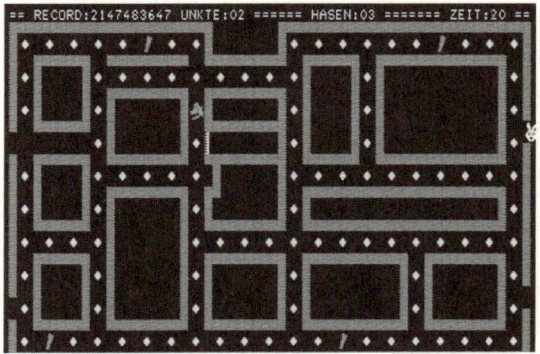

sogar «Pac-Man» hatten sie nachprogrammiert, allerdings eine sozialistische Version mit Hase und Wolf, bei der der Hase Möhren fressen mußte, während sich die Wölfe bedenklich vermehrten. Wenn man dann schließlich, nachdem man sich immer wieder ein Level weiter retten konnte, doch dreimal gestorben war, pochte das Herz, die Hände zitterten, und man wollte so schnell wie möglich wieder zurück in diese aufregendere Welt.

DADDELPALME

Erwachsene verstanden den Reiz dieser Bildschirmspiele nicht. Ich wünschte mir einen Computer, um so ein Spiel zu programmieren und umsonst spielen zu können, sooft ich wollte, und mich nie wieder zu langweilen. Ich hatte ja immer die Sorge, womit ich mich als Rentner später beschäftigen sollte. Denn nicht nur, daß man am Ende der Kindheit gezwungen wurde, täglich in einem Betrieb zu erscheinen, man wurde davon auch wieder ausgeschlossen, in einem Alter, in dem man längst verlernt hatte, selbständig zu denken und auf seine Impulse zu hören. Mit einem Computer müßte ich mir bis lange nach der Rente um Langeweile keine Gedanken mehr machen.

1987 ging ich in die elfte Klasse, wir mußten im Fach ESP («Einführung in die sozialistische Produktion») alle zwei Wochen zum Adlershofer «Institut für wissenschaftlichen Gerätebau» fahren, wo wir mit echten Wissenschaftlern in Berührung kamen, Menschen, die es geschafft hatten, ihr Berufsleben auf die angenehmste und bequemste Art verbringen zu dürfen: mit Nachdenken. Ich war zu meinem Leidwesen in der Kristallographie eingesetzt, immer wieder baten wir, irgend etwas am Computer machen zu dürfen, statt dessen mußten wir mit Schleifmittel verschiedener Körnung Siliziumscheiben polieren. Wir fühlten uns wie Sklaven, wie diese bedauernswerten Opfer der Industrialisierung, die jahrzehntelang an nach Schmiermittel stinkenden, lärmenden Maschinen standen und Metallteile stanzten, die, weil sie niemand brauchte, irgendwann wieder eingeschmolzen wurden. Für ein paar Wochen kamen wir unserem Ziel, am PC 1715 programmieren zu dürfen, aber einen Schritt näher, denn wir bekamen den Auftrag, mit einer Pentacon-Spiegelreflexkamera ein Turbo-Pascal-Buch aus dem westdeutschen Data-Becker-Verlag Seite für Seite abzufotografieren. Die Fotos wurden anschließend entwickelt und als Buch gebunden, das allen Wissenschaftlern des Instituts zum Nachschlagen zur Verfügung stand.

Als meine Mutter uns nach langem Betteln endlich vom Geld meiner in Hamburg lebenden Oma im Intershop einen C 64 kaufte, ging ich, überfordert von Pubertät und Zukunftsängsten, für zwei Jahre ins innere Heimcomputer-Exil. Im Ostberliner «Haus der jungen Talente» gab es einen wöchentlichen Computerclub, wo gecrackte Programme aus dem Westen getauscht wurden, von Vorfreude erfüllt, fuhr ich jedesmal mit meiner auf einer Audiokassette gespeicherten Beute nach Hause, wo ich die Spiele heimlich noch in der Nacht ausprobierte. Oft wußte ich nicht, worum es ging, es gab ja keine Anleitung, und niemand erklärte mir, was man zum Beispiel bei «Ghostbusters» tun mußte, die filmische Vorlage kannte ich ja nicht. Eines Tages startete ich ein Spiel namens «Maniac Mansion», in dem ich zunächst zwischen verschiedenen Personen wählen konnte, deren Identität man annahm, um das Haus eines verrückten Wissenschaftlers zu erkunden und nach und nach in Erfahrung zu bringen, welche Geschichte hier erzählt wurde und was die eigene Rolle darin war. Zum ersten Mal erlebte ich, daß Computerspiele witzig sein und mit selbstreferentiellem Humor arbeiten konnten.

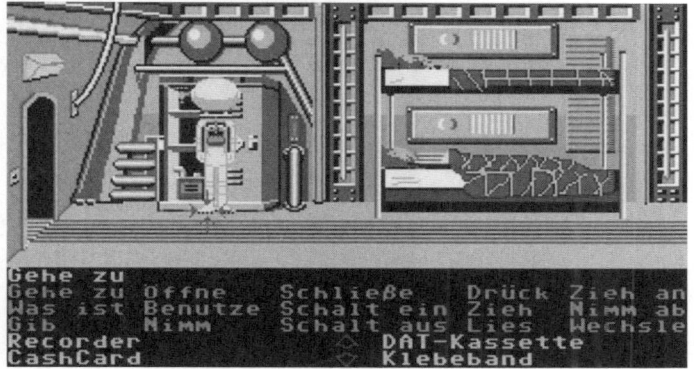

Jeder, der «Maniac Mansion» gespielt und vergeblich nach dem Feuerzeugbenzin für die Kettensäge gesucht hat, wird sich an die Überraschung erinnern, im Nachfolgespiel «Zak McKracken» in einem Schrank auf dem Mars einen Kanister Kettensägenbenzin gefunden zu haben, mit dem man dort aber nichts mehr anfangen konnte.

Bei «Zak McKracken» konnte man nicht nur verschiedene Identitäten annehmen, sondern auch von einem indischen Guru lernen, sich in andere Lebewesen zu versetzen, zum Beispiel in einen Goldfisch im Glas, dann hatte man als Handlungsoptionen nur noch, im Kreis zu schwimmen und dabei die Richtung zu ändern, was wir unglaublich komisch fanden. Es war meine erste Übung in Rollenprosa. Kaum ein Roman hat mir seitdem eine so totale und beglückende Rezeptionserfahrung erlaubt wie diese beiden Spiele.

Zur Wendezeit kam ich zur Armee, auch dort bettelte ich, als Programmierer eingesetzt zu werden, ich hätte zur Not auch die ballistische Flugbahn von Atombomben berechnet, Hauptsache nicht durch den Schlamm robben oder die Stiefel der Entlassungskandidaten putzen müssen. Ich hatte aber keinen Erfolg, man versuchte statt dessen, aus mir einen Koch zu machen, mit der Begründung, daß ich doch Abitur hätte und also offensichtlich ja etwas lernen wolle. Der gelernte Koch aus unserem Zug wurde dagegen Funker. An meinem Geburtstag, dem Tag des Mauerfalls, bekam ich das letzte Telegramm in meinem Leben, einen Geburtstagsglückwunsch meiner Mutter. Wenn meine Mutter früher auf der Post ein Glückwunschtelegramm verschickte, durfte ich manchmal das Motiv aussuchen. Die Telegramme waren im A4-Format, es gab verschiedene Blumensträuße zur Auswahl, oder Zeichnungen schmusender Katzen. Besonders aufregend war, daß jeder Buchstabe Geld kostete und man deshalb eine spezielle Telegrammsprache verwendete, indem man Wörter wegließ. Man brauchte also gar nicht alle Wörter, um dasselbe zu sagen? Vielleicht würde man auch doppelt so viel von der Weltliteratur zu lesen schaffen, wenn man immer nur jedes zweite Wort las? Der «Zauberberg» würde dann so klingen: «Ein junger reiste Hochsommer Hamburg Vaterstadt Davos Graubündischen fuhr Besuch.» Das Wesentliche wäre noch zu verstehen, und der Roman wäre mit einem Mal nur noch fünfhundert Seiten dick.

Wenn es immer noch Telegramme gäbe, würde meine Mutter diese Möglichkeit wahrscheinlich nutzen, um mich jedesmal zu informieren, wenn in einer Zeitung ein Buch von mir gelobt, also in Wirklichkeit vollkommen mißverstanden wurde. Sie ist ja auch der einzige Mensch, der mich noch auf dem Festnetz anruft, wir nennen das Festnetztelefon deshalb «Omiphon».

Nach der Wende, als meine Westverwandten für meine Karriere kein Hindernis mehr darstellten, begann ich tatsächlich ein Informatikstudium, das sich so lange hinzog, daß die Programmiersprache, die man im Grundstudium lernte, sich mehrmals änderte, von Modula über Java bis zu C++. Irgendwann zog das Institut aus dem Hauptgebäude der Humboldt-Universität an den Stadtrand nach Adlershof, eine Reise, die ich nun auch regelmäßig antreten mußte. Im Seminar «Digitale Medien» experimentierte ein Assistent des Professors mit «Teleteaching». Der Professor wurde im Seminarraum in Adlershof gefilmt und sein Bild in einem Seminarraum in Berlin-Mitte für die dort anwesenden Studenten an die Wand projiziert. Zur Kontrolle wurde das Bild auch in Adlershof an die Wand projiziert. Die Studenten starrten wie hypnotisiert das Bild des Professors an der Wand an statt den realen Professor an seinem Tisch, eine Lehrstunde über die Macht der Bilder und eine Vorform von «Phubbing». Eine Hausaufgabe, die wir in diesem Seminar bekamen, war, mit Microsoft Word eine Seite aus Ovids «Metamorphosen» exakt so zu setzen, wie sie in der Sammlung-Tusculum-Ausgabe aus dem Artemis & Winkler Verlag aussah. Der Professor gab sämtliche Versuche unbenotet zurück, weil keiner auch nur genügend war. Bei weiteren Bemühungen stellte sich heraus, daß es schlicht unmöglich war, mit Word das Schriftbild eines gedruckten Buchs zu erzeugen. Die Lösung für das Problem war, Abstriche beim Qualitätsanspruch zu machen, wozu uns neue Technik fast immer zwingt, ohne daß wir es merken (man vergleiche die scheußlichen, computeranimierten Glubschaugen-Trickfilme von heute mit älteren Zeichentrickfilmen, man denke an die Druckfehlerhäufigkeit in heutigen Zeitungen und Büchern oder die Qualität von automatischen Übersetzungen. Nicht die Übersetzungen werden in Zukunft besser werden, sondern wir werden so schreiben, daß der Übersetzungs-Algorithmus weniger Probleme damit hat). Es war das letzte Informatikseminar, das ich besuchte, denn mit einiger Verspätung wurde mir klar, daß der Beruf des Programmierers in der Marktwirtschaft gar keine Freiheit garantierte, man war eher eine Art Hausmeister oder Klempner, ein Nachkomme von Sisyphos, lebte ungesund und wurde irgendwann mit Mitte vierzig aussortiert, weil die Jüngeren unverbrauchtere Gehirne hatten und bereit waren, sich noch gnadenloser selbst auszubeuten. Da ich noch nicht wußte, ob ich schreiben konnte, lernte ich als Kompromiß möglichst viele Sprachen, um später meine Übersetzungen korrigieren zu können.

∗

Heinrich Schliemann soll einen Diener angestellt haben, der Tag und Nacht hinter ihm herlief und ihm in einer der vielen Sprachen vorlas, die Schliemann dann in wenigen Wochen lernte. Ich sprach lange Vokabellisten auf Kassetten und hörte sie mir mit einem Walkman beim Zähneputzen, beim Spazieren und beim Einschlafen an, um mir die Wörter automatisch einzuprägen. Ich stellte mir vor, daß ich wie ein Kleinkind vom Zuhören und Mitmurmeln irgendwann von selbst die Sprache beherrschen würde. Beim Spazieren drehte ich immer am Regler, um im Radio Wortsendungen zu finden (in Rumänien, Polen und Italien waren das hauptsächlich die Moralpredigten reaktionärer Priester auf den entsprechenden Kirchensendern, die ich hörte, weil nur hier ununterbrochen geredet wurde). In der anderen Hand hielt ich das Wörterbuch und in der dritten Hand den Stadtplan oder ein Sandwich. Bei einem Sprachkurs in Rumänien verliebte ich mich in ein Mädchen, das etwas jünger war als ich und deshalb schon aus einer anderen Welt stammte. Sie schrieb mir eine SMS mit einem Smiley, der aus einem Doppelpunkt und einem Sternchen bestand. Ich fragte einen Bekannten in ihrem Alter, was das bedeute. Er sagte: «*It means your mouth looks like an asshole.*»

Als ich dann endlich Autor wurde, weil es für alle anderen
Berufe zu spät gewesen wäre, wechselte ich beim Schreiben je
nach Genre den Tisch, auf einem stand der Computer für
Prosa und auf dem anderen die unbequeme Mercedes-Schreibmaschine, die sich für Lyrik eignete, weil sie mich zur Ent-
schleunigung zwang. Auf dieser Schreibmaschine zu tippen
war körperliche Arbeit, das sollte mir helfen, mich auf möglichst haltbare Gedanken zu beschränken, und mich davor be-
wahren, ein «Vielschreiber» zu sein, denn als Autor erwarb
man sich gar nicht mehr Prestige, wenn man viel schrieb,
sondern wenn man möglichst wenig schrieb, das auch nur von
einigen wenigen ausgewählten Menschen geschätzt wurde.
Wenn man gezwungen wäre, seine Worte in Marmor zu mei-
ßeln, würde man sogar noch knapper und präziser formulieren. Im 19. Jahrhundert hat es viele Autoren gegeben, die es
ablehnten, von der Gänsefeder auf die Stahlfeder umzusteigen,

mit einer Stahlfeder könne man keine Poesie schreiben. Später weigerten sich nicht wenige, eine Schreibmaschine zu benutzen. In einer Folge von «Das Haus am Eaton Place», einer Serie, die ich in den achtziger Jahren im ZDF gesehen hatte, heiratete ein englischer Dichter die Tochter des Hauses. Es war das Jahr 1908, und der Dichter lehnte es ab, in ein Auto zu steigen, mit der Begründung: «*It is unseemly for a poet to proceed anywhere by a series of explosions.*»

Während ich als Jugendlicher gerne zur Crew von Captain Future gehört hätte, ist meine Technikbegeisterung mit den Jahren einer großen Skepsis gewichen. Ich freue mich heute nicht mehr über neue, sondern über alte Technik, so wie ich nicht mehr neugierig, sondern altgierig bin und auch in der Literatur Alterscheinungen Neuerscheinungen vorziehe, schon aus demokratischen Gründen, denn sie bilden ja die Mehrheit. Es ist ja nicht nur das Stadtbild Berlins, das sich ständig verändert, bei der Sparkasse fiel mir irgendwann auf, daß die Kontoauszugsdrucker keine Nadeldrucker mehr sind. Dabei war das Ausdrucken der Kontoauszüge eine der letzten Gelegenheiten gewesen, das vertraute Geräusch zu hören. Ich erinnere mich an die Zeit (Anfang der Neunziger), als es ein Luxus war, einen Neun-Nadel-Drucker statt eines gewöhnlichen Acht-Nadel-Druckers zu kaufen. Das Ausdrucken der Auszüge geht mit den neuen, fast lautlosen Druckern schneller, was mir aber gar nicht recht ist. Bisher war das Warten am Kontoauszugsdrucker immer eine willkommene Auszeit im Überlebenskampf gewesen. Wenn man dort stand und auf das Prasseln der Nadeln und das beruhigend-geschäftige Rumpeln des Druckkopfs lauschte, konnte einem keiner einen Vorwurf machen, das war eine Zeit, in der man nichts leisten mußte, wie beim Warten an einer roten Ampel.

Neue Technik anschaffen zu müssen ist für mich so lästig geworden wie das Wechseln der Winterreifen. Neue Technik bringt immer auch neue Probleme. Mit meinem neuen Rechner kam ich nicht mehr ins Internet. Ich rief bei der Telekom an, und der Mitarbeiter zeigte sich überrascht, daß ich noch ein Teldat-Modem benutzte, das komme nur noch «ganz selten» vor. Dabei war es erst sieben Jahre alt und hatte keinen Kratzer. Ich bekam von ihm ein neues Modem aufgeschwatzt, mit dem ich zu Hause WLAN hätte (das allerdings circa fünf Euro im Monat kosten sollte). Als das Paket mit dem Speedport W 723V eintraf, ließ ich es aber erst einmal ungeöffnet im Flur liegen. Udo Jürgens hat angeblich immer mit laut aufgedrehten Fernsehnachrichten Klavier geübt, um sich gegen Ablenkungen bei Konzerten abzuhärten. Ich kann ihn nur bewundern, ich kann weder schreiben, wenn Musik läuft, noch, wenn ich online bin, deshalb stöpsle ich meinen Laptop immer ab und trage ihn an

den anderen Schreibtisch, wo das LAN-Kabel nicht hinreicht.
Hätte ich WLAN, müßte ich zum Schreiben jedesmal in ein
deutsches Fünf-Sterne-Hotel ziehen, denn dort haben sie meist
kein WLAN (beziehungsweise nur für fünf Euro am Tag, als
handle es sich um eine endliche Ressource). In einem besonders teuren Hotel hatte ich dafür am Frühstückstisch einen
Bildschirm mit Videotext. Der Luxus von gestern wirkt heute
schon lächerlich, man kann das an den Residenzen von Diktatoren studieren.

Ich habe jetzt also ein unausgepacktes Paket im Flur, für das ich
eine Monatsgebühr bezahle. Ins Zimmer kann ich es nicht räu-
men, weil ich es ja nicht benutzen will. Wegstellen geht nicht,
damit ich nicht vergesse, daß ich es besitze. Zurückschicken
wäre eine zu schwerwiegende Entscheidung, sozusagen mein
Abschied von der Zukunft. Denn ich weiß ja, daß man als
Schriftsteller nicht technikfeindlich sein sollte (oder, um es mit
Brecht zu sagen: «*Versinke im Schmutz / Umarme den Schlächter,
aber: / Ändere die Welt: Sie braucht es!*»). Anders als man bei

Marcel Proust vermuten sollte, hat er sich immer für Technik und ihr poetisches Potential interessiert und darüber in der «Recherche» geschrieben. Um zwei Geräte beneide ich Proust, um den Apparat, mit dem er aus Angst vor Mikroben seine Briefe desinfizierte, und um das Théâtrophone, eine Telefonleitung, über die er abends vom Bett aus Pariser Konzerte und Opernaufführungen live mithören konnte. Ich frage mich immer, wie dieser stets auf den neuesten Klatsch versessene Mensch mit dem Internet umgegangen wäre, hätte es ihn vom Schreiben abgehalten? Oder hätte er es geschafft, auch das Internet zu einer Fußnote seines gigantischen Romanprojekts zu machen? Denn man fragt viel zu schnell, wie die digitalen Medien die Literatur verändern, statt daran zu arbeiten, daß die Literatur die digitalen Medien verändert.

Wenn mich jemand auf der Straße sieht, könnte er sich von meinem Gang und meinem wachen Blick täuschen lassen und mich für jung geblieben halten. Manchmal esse ich auch spontan ein Softeis, das macht mich dann noch mal fünf Jahre jünger. Wie jeder Vater merke ich aber an meinen Kindern, daß ich älter werde. Meine zehnjährige Tochter sagte, als sie in der Schule die DDR behandelten, zu mir: «Stalin wollte bestimmen, welche DVDs man gucken durfte.» Während meine Mutter das Omiphon benutzt, schreibe ich meiner Tochter SMS, weil ich es ablehne, WhatsApp oder ähnliche Überwachungssoftware zu installieren. Wer eine Wohnung betritt, spürt sofort, ob der Gastgeber die unsichtbare Grenze zum Altwerden überschritten hat und nicht mehr in seinen Gerätepark investiert, so daß seine Wohnung wie ein Wartezimmer zum Jenseits aussieht. In so einer Wohnung möchte sich keiner lange aufhalten, ein unangenehmes Odeur kitzelt in der Nase, und man hat Angst, beim Aufstehen festzukleben.

BILDSCHIRM MIT SCHIRMBILD

Mein provozierend kleiner Röhrenfernseher könnte noch als kulturkritische Geste durchgehen, aber in der Küche kommt es

raus, mein Wasserkocher ist nämlich schon mindestens fünfzehn Jahre alt, und der Deckel ist ganz vergilbt. Außerdem trinken ja eigentlich nur noch Rentner zu Hause und im Sitzen
«Bohnenkaffee». Ich habe den abgebrochenen Griff mit Blumen-
draht befestigt. Alle paar Jahre muß ich den Boden abschrauben
und mit meinen Rentnerkenntnissen ein verschmortes Kabel
abisolieren und neu verlöten. Warum sollte ich den Kocher aus-
tauschen, wenn er noch funktioniert? Die neuen Modelle sind
bestimmt viel anfälliger, weil sie zum «Internet der Dinge» ge-
hören und überflüssige Elektronik eingebaut wurde, um mich
auszuspionieren und mir Werbung schicken zu können beziehungsweise mein Verhalten bei der nächsten Wahl zu beeinflus-
sen. Und es werden immer neue Schrauben erfunden, damit
man seine Geräte nicht mehr öffnen kann, weil die Hersteller
nicht wollen, daß man sie selbst repariert. «If you can't open it,
you don't own it.» Das einzige, was mich an neuer Technik begeistert, ist, daß die Bedienungsanleitungen immer dicker werden, weil sie in immer mehr Sprachen übersetzt werden. Ich lese
mir zur Wiederholung alle Versionen, die ich verstehe, durch
und fühle mich motiviert, auch die übrigen Sprachen zu lernen.
Bei meinem neuen Fön steht in zwanzig Sprachen, von denen
ich immer noch einige nicht kann, daß man ihn zum Haare-
fönen anschalten muß, und zwar auf Stufe 1, 2 oder 3, je nachdem. Angesichts so vieler Handlungsoptionen fühle ich mich an
meine Zeit als Goldfisch bei «Zak McKracken» erinnert. Den
alten Fön, den ich vor zwanzig Jahren von einem Untermieter
übernommen habe, behalte ich natürlich zur Sicherheit als
Backup. Wobei die Firma längst pleite gegangen ist und ich
nicht weiß, ob es erlaubt ist, Geräte von nicht mehr existieren-
den Firmen weiterzubenutzen?

In Berlin werden seit einigen Jahren ausrangierte Röhrenbildschirme auf die Straße geworfen, wie Weihnachtsbäume im
Januar. Vermutlich lagern in unseren Kellern Millionen Röhrenbildschirme und Monitore, die einmal wertvoll waren,
neben Autolackresten, dem Brockhaus-Universallexikon und
Entwicklertischen für Schwarzweißfotos. Ich habe immer
Angst, daß bei mir im Keller eingebrochen wird und er hinterher voller fremder Röhrenbildschirme ist, die ich entsorgen
muß. Man sollte sich rechtzeitig Gedanken machen, wie man
später seinen Flachbildschirm loswird, wenn es wieder etwas
Besseres gibt. Vielleicht wird man ihn nachts heimlich unter
der Tür des Nachbarn durchschieben.

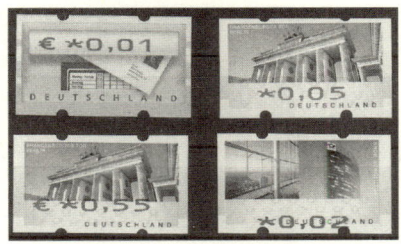

Ich arbeite heute tatsächlich als Schriftsteller, auch wenn ich lieber Tischler, Gärtner, Restaurator, Denkmalschützer, Mathematiker oder Museologe wäre. 10% meiner Arbeitszeit schreibe ich, 90% muß ich Bürokram erledigen, Druckerpatronen nachfüllen, Updates installieren, Paßwörter suchen, Spam löschen, Kurzbiographien schreiben, Pressefotos verschicken, Unterlagen für die Steuer vorsortieren. Zum Bürokram gehört es auch, nach Lesungen meine Reisebelege per Post an den Veranstalter zu schicken, der angeblich unbedingt die Originale braucht. Weil sich der Brieftarif ständig ändert und ich den aktuellen meistens nicht weiß, klebe ich zur Sicherheit zwei Marken drauf. Weil ich mich für Marken nicht am Postschalter anstellen will, wo es – vielleicht will man damit ins Guinnessbuch der Rekorde? – seit dreißig Jahren eine konstant gleich lange Schlange gibt, drucke ich sie mir manchmal am Automaten aus, wo die Schlange etwas kürzer ist. Die Automatenmarken haben keine Zähne wie richtige Briefmarken und wirken überhaupt wie ein Ersatz aus Notzeiten, niemand würde sie ablösen und sammeln. Ich habe immer ein schlechtes Gewissen, wenn ich solche Automatenmarken verwende, denn ich stelle mir ja auch bei Briefen, die ich bekomme, vor, daß der Absender die Marke extra für mich ausgesucht hat, um mir einen kleinen Denkanstoß zu geben, mir eine Freude zu machen oder mir zu erkennen zu geben, wie gern er mich hat und wie gut er mich kennt. Das Problem ist auch, daß ich unter einer seltsamen Demenz leide. Sobald ich aus dem Haus gehe, vergesse ich, daß ich einen Brief einwerfen wollte. Oft trage ich meine Briefe deshalb tagelang in der Jackentasche mit mir rum, als wären es Liebesbriefe, bis sie ganz zerknittert sind, und die Veranstalter bekommen einen schlechten Eindruck von mir und laden mich nie wieder ein (was wenigstens eine rationale Erklärung für dieses Phänomen wäre, wobei es natürlich auch an den Automatenbriefmarken liegen kann). Eine meiner Geschäftsideen ist deshalb brieferando.de, ein Service, bei dem der Briefträger die Briefe nicht zu einem nach Hause bringt, sondern sie von dort abholt und zum nächsten Briefkasten trägt.

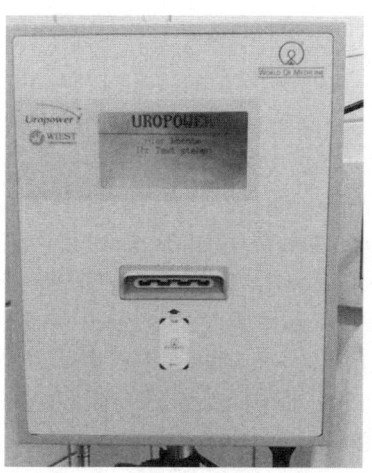

In den 10% meiner Arbeitszeit, die mir zum Schreiben bleiben, entstehen Texte, die ich manchmal veröffentliche, am liebsten als Buch, denn ohne die Phantasie vom Buch wäre ich den steinigen Weg zum Schriftsteller nie gegangen. Nie wäre ich Schriftsteller geworden, um eine Datei zu veröffentlichen, für die man ein Lesegerät braucht. In naher Zukunft wird man sich als Terrorist verdächtig machen, wenn man noch ein auf Papier gedrucktes Buch liest, weil man sich offenbar der für unsere Sicherheit angeblich notwendigen Überwachung entziehen will. Wenn kein Verlag mehr Bücher auf Papier druckt, werde ich meine Bücher mit der Schreibmaschine auf dem Kohlepapier meiner Mutter abtippen, das ich zum Glück aufgehoben habe, und sie vielleicht in den letzten Telefonzellen neben den zerfledderten Telefonbüchern anketten, damit sie dort ihr Publikum finden. Wenn das Kohlepapier aufgebraucht ist und die Telefonzellen verschrottet worden sind und als letzter Literaturverlag Amazon übriggeblieben ist, muß ich nach anderen Wegen zu veröffentlichen suchen. Mein Urologe fragte mich neulich, ob meine Blase schon «geschallt» sei? Nicht, daß sie wieder nicht voll genug sei für die Harnstrahlmessung! Bei dieser Messung uriniert man in einem Séparée der Praxis in ein Becken, in das ein Plastiktrichter montiert worden ist, der als Drucksensor wirkt. Anschließend entnimmt man dem Uropower-Automaten ein Kärtchen mit einem Diagramm, das dem Arzt Rückschlüsse auf etwaige Miktionsprobleme des Patienten erlaubt. Auf dem Display des Uropower-Automaten stand: *«Hier könnte Ihr Text stehen»*. Ich hoffe, ich werde auf diese Möglichkeit, meine Texte zu veröffentlichen, nie angewiesen sein.

Auf Tour

Ich liege im Bett meiner Pension und überlege, ob ich meine Jacke anziehen soll oder den von chemischen Reinigungsmitteln verseuchten Teppichboden rausreiße, um ihn als Decke zu nutzen. Der kleine Heizkörper schafft es nicht, das Zimmer zu wärmen, zumal sich der Regler nicht hochdrehen läßt, und die Rezeption ist nachts nicht besetzt, ich bin ganz allein im Haus. Immer noch besser als letzte Woche in Hamburg, mache ich mir Mut, wo im angrenzenden evangelischen Gemeindezentrum bis morgens eine Schlagerparty stattfand und ich selbst mit Ohrstöpseln nicht schlafen konnte. Mein Vorgänger hat den Fernseher verstellt, ich kriege nur arabische und chinesische Sender rein. Das Pfeifen, das ich erst für Tinnitus gehalten hatte, kommt in Wirklichkeit vom Ventilator im Bad, der sich seit Stunden nicht ausstellt, seitdem ich kurz das Licht angeschaltet hatte. In einem Regal neben dem Bett stehen ein paar Bücher, die Gäste dagelassen haben, darunter auch der neue Roman von Lars Düsen, der sich über hunderttausendmal verkauft hat und auf dessen Rückseite ein «Großkritiker» zitiert wird: «Niemand in der deutschen Gegenwartsliteratur schreibt so intelligent, komisch und dabei doch berührend wie Lars Düsen.» Ich drehe das Buch im Regal um. Dann stecke ich es ein und stelle statt dessen mein Buch ins Regal. Ich kaue die Erdnüsse, die in der ansonsten leeren Minibar lagen, und denke an meine Lesung vom Abend. Schon die Anreise war katastrophal verlaufen, mein Ruheabteil im ICE hatte ich mit einer alleinstehenden Mutter von vier Söhnen teilen müssen, die abwechselnd auf dem auf laut gestellten iPad spielten, Conny-Bücher vorgelesen bekamen oder Kung-Fu-Panda guckten. Am Ziel meiner Reise, in Pufen, hatte ich mich mit meinem kiloschweren Rucksack durch die menschenleeren Gassen direkt zum Veranstaltungsort geschleppt, weil ich es wegen der Zugverspätung nicht mehr in die Unterkunft schaffte. Ich hatte so viel Gepäck, weil ich die Bücher für den Büchertisch selbst mitbringen mußte, der Buchhändler hatte kurzfristig abgesagt. Meine Lesung fand im Jugendzentrum «Kulturschlachthof» statt, war aber öffentlich, was zur Folge hatte, daß Jugendliche, wenn sie nicht wegen der Ferien sowieso verreist waren, den Ort an diesem Abend mieden, und ältere Zuschauer hatten mit dem «Schlachthof» Berührungsängste, weil hier sonst eher zu Punk-Karaoke eingeladen wurde. Es war nur eine Rentnerin anwesend, die selber schrieb und mir einen Stapel im Eigenverlag publizierter Broschüren mit Gedichten überreichte, ein paar Damen, die ihre sichtlich genervten Männer mitgeschleppt hatten, sowie ein Schwerbehinderter im Rollstuhl, der ab und zu Würgelaute machte. Das Mikrophon war mit Tape am Ständer einer Tischlampe befestigt worden, ich hatte telefonisch auf einer Tonanlage bestanden, auch wenn es, wie immer, geheißen hatte, der Raum habe eine gute Akustik. Ich kenne das aber schon, nach zwei Sätzen meldet sich jemand von ganz hinten zu Wort: «Lauter bitte!» Zunächst stellte mich der Veranstalter mit Informationen aus meinem Wikipedia-Eintrag vor, den irgendwelche Literaturfeinde verfaßt haben und in dem es heißt, daß ich nicht zu Ende studiert habe und Texte schreibe, die nur beim Vorlesen funktionieren. Der Veranstalter bemerkte staunend, daß er bei der Recherche festgestellt habe, wie viele Bücher ich geschrieben hätte, manche Titel klängen ja interessant, vielleicht könnte ich später selber etwas dazu sagen? Dann entschuldigte er sich, weil er nicht bleiben könne, seine Kinder hätten Windpocken, und er müsse aufpassen, daß sie sich nicht kratzten, damit überließ er mir das Auditorium. Das Mikrophon pfiff. Der Tisch wackelte. Im Fernsehen lief das Champions-League-Finale. Die Zuhörer sahen mich feindselig an. Ich las meine besten Texte und schämte mich dafür, sie geschrieben zu haben. Zwischen den Texten trank ich einen Schluck Rotwein, von dem ich dann beim Lesen aufstoßen mußte. An manchen Stellen stutzte ich, weil ich feststellte, daß der Verlag vor dem Druck meinen Text geändert haben mußte. Ich würde nie «an Ostern» schreiben, sondern «Ostern» oder «zu Ostern». Dazu kamen die Fehler, die von mir selbst stammten und die ich erst jetzt sah, obwohl ich das Manuskript Dutzende Male gelesen hatte. Ich strich die Stellen an, damit sie in der nächsten Auflage korrigiert werden konnten, aber es hatte ja noch nie eine zweite Auflage gegeben.

Niemand kaufte im Anschluß ein Buch von mir, die Rentnerin reichte mir eine Monographie über Pina Bausch zum Signieren, die von einem anderen Jochen Schmidt stammte. Eine Dame fragte, ob ich vorhätte, wie Axel Hacke zu schreiben? Dann müßte ich aber mal Vorlesen üben, besser artikulieren und lebendiger betonen, Martin Walser, das sei ein Genuß, dem zuzuhören. Ich sagte, daß ich immer so unbetont wie möglich läse, weil die Texte für sich sprechen sollten. Ein Herr fragte, ob es fünfundzwanzig Jahre nach dem Mauerfall nicht ein bißchen spät sei, über meine Kindheit in der DDR zu schreiben? Als der Schwerbehinderte auf mich zurollte, verdrückte ich mich schnell ins Restaurant im Parterre des Jugendzentrums. Leider hatte die Küche gerade zugemacht, es gab nur noch Erdnüsse aus dem

Automaten, ich konnte immerhin noch ein Glas Wein bestellen, auch wenn das Barpersonal mit den Augen rollte. Es war ziemlich voll und verraucht, ich hatte nicht geahnt, daß in Pufen so viele Menschen lebten und noch dazu so junge. Warum waren sie nicht in meine Lesung gekommen? Im ganzen Gebäude hatte es als Hinweis lediglich einen handgeschriebenen Zettel mit einem Foto gegeben, auf dem ich grinste wie ein Schlaganfallpatient und das aus dem Internet stammen mußte. An einem der Tische entdeckte ich den Veranstalter, er winkte mich heran. Der Pufener Kurier hätte etwas gegen ihn, eine alte Geschichte, zu kompliziert, um es schnell zu erklären, deshalb gäbe es nie Hinweise auf ihre Lesungen. Er hätte sich ja mehr versprochen von diesem Abend, der Verlag hätte mich als Szeneautor angepriesen? Er müsse für den Abend ziemlich draufzahlen, vielleicht könnte man über das Honorar noch mal reden? Ihr Nachbarort Molpe werde von der Landesregierung bekanntlich bevorzugt, Kulturarbeit in Pufen sei etwas für Überzeugungstäter. Er schwärmte von Wladimir Kaminers Lesung im letzten Monat, die wegen der großen Nachfrage in die Stadthalle verlegt werden mußte, er hätte vor Lachen am Boden gelegen. Humor sei eben eine Frage des Timings. Aber sie machten durchaus nicht nur auf Unterhaltung, nächste Woche bei Galja Roehricht sei es auch schon ausverkauft. Galja Roehrichts Debütroman «Taigatango im Tigertanga» (auf dessen Buchrücken Lars Düsen zitiert wurde: «Niemand in der deutschen Gegenwartsliteratur schreibt so komisch, berührend und dabei doch intelligent wie Galja Roehricht») hatte es sofort auf die Shortlist des Deutschen Buchpreises geschafft. Die Deutsch-Russin, die ihre Kindheit in Tobolsk verbracht hatte, war so alt wie meine Tochter und sah auf Fotos aus wie ein Model (in

129

Wirklichkeit war sie übergewichtig und hatte eine Gaumen-
spalte). Wie ich einer halbseitigen Anzeige in der Süddeutschen
Zeitung entnommen hatte, war sie gerade auf dreiwöchiger
Lesereise durch Deutschland, Österreich und die Schweiz,
während ich in diesem Winter hier und da einen einzelnen
Termin hatte und jedesmal acht Stunden mit der Bahn hin-
und herfuhr. In die Schweiz war ich sogar noch nie eingeladen
worden, dabei sprachen sie dort doch auch deutsch? Der Veranstalter erzählte mir noch von seiner bettlägerigen Mutter,
vom Pufener Mittelalterfest, das er ins Leben gerufen hatte,
und erklärte mir den Unterschied zwischen Germania Pufen
und Teutonia Pufen, den beiden rivalisierenden örtlichen Kar-
nevalsvereinen, die man nicht verwechseln dürfe, wenn man
sich nicht als Fremder outen wolle. Dann beschrieb er mir den
Weg zur Pension «Bismarck» (das Hotel «Deutsche Eiche» sei
ausgerechnet heute wegen eines Junggesellenabschieds ausge-
bucht gewesen), leider könne er mich nicht begleiten, weil er
wieder zu seinen Kindern müsse, die aufgekratzten Windpocken mit Teebaumöl betupfen, damit sich keine Narben
bildeten. Aber ob ich so nett sein könnte, Herrn Dr. Böhl von
der Pufener Literaturgesellschaft nach Hause zu begleiten, das
liege auf dem Weg? Wie sich herausstellte, handelte es sich
dabei um den Rollstuhlfahrer, den ich wenig später über das
holprige Pflaster schob und hier und da eine mittelalterliche
Treppe hochwuchtete. An seiner Haustür öffnete niemand,
und da er eingeschlafen war und sich auch durch Schütteln
nicht wecken ließ, drückte ich die Bremse vom Rollstuhl, legte
Herrn Dr. Böhl Lars Düsens Roman in den Schoß und ent-
fernte mich leise. Die halbe Stunde Weg zur Pension «Bismarck» brachte ich schwitzend hinter mich, ich mußte nur der

Landstraße folgen, denn die Pension befand sich etwas außerhalb von Pufen, direkt am Autobahnzubringer. Frühstück wird es leider nicht geben, aber ich habe einen Gutschein für die Backstube am Bahnhof bekommen, die sonntags zwischen acht und neun Uhr geöffnet hat. Danach fahre ich zurück nach Berlin. Montag muß ich dann nach Molpe.

LESERSTRAHL

Dr. Darwin und Mr. Gott

«Jehste wieder zu dei'm Gott?» Die Frage mußte ich mir regelmäßig anhören, wenn ich montags möglichst unauffällig den Asphaltfußballplatz in unserem Ostberliner Neubauviertel verließ, weil ich als einziger von uns zur Christenlehre mußte. Ich war «Protestant», was vom Wort her rebellisch klang, aber darum ging es in der Christenlehre noch nicht, da lernten wir erst einmal, daß man die andere Wange hinhielt, wenn einen ein Philister (oder war es ein Pharisäer?) ohrfeigte, und daß die Hirten dem Jesuskind «Weihrauch und Möhren» geschenkt hatten, wie ich jahrelang dachte.

Das Gemeindehaus war einer der wenigen Altbauten im Viertel, in seinem Rücken standen mehrere Zehngeschosser. Man betrat hier eine andere Welt, mit Messingkerzenständern in Hammerschlagoptik, Tischdeckchen mit eingewebten griechischen Buchstaben und einer historischen Palästina-Karte an der Wand. Ich hatte immer Angst, daß meine Freunde, sie waren ja sozusagen «Heiden», von draußen durchs Fenster guckten und mich sehen könnten. Es war mir peinlich, an Gott zu glauben, wie irgendwelche Rentner, die in der Schule noch mit dem Rohrstock geschlagen worden waren. Der moderne Mensch glaubte an Computer und Roboter. Darwin hatte bewiesen, daß wir von den Affen abstammten, ein Paradies hatte es nie gegeben, obwohl der Kommunismus, auf den wir warteten und wo sich jeder im Laden ohne Geld alles würde nehmen können, verdächtig daran erinnerte. Meine Freunde dachten, daß wir Christen uns in der Kirche mit dem Gesicht auf den

Boden warfen und, umhüllt von Weihrauchschwaden, stunden-lang Gebete murmelten. Tatsächlich übten wir bei Frau Schlorf, unserer Katechetin, beten, dabei faltete man die Hände und schloß die Augen. Wir blinzelten mit Indianerblick durch die Augenlider, popelten heimlich in der Nase, schnitten uns Fratzen und mußten Lachanfälle unterdrücken, wovon Frau Schlorf, die als einzige tatsächlich die Augen geschlossen hatte, nichts mitbekam. Am Ende sagte man «Amen», ein geheim-nisvolles Wort, das nur wir Christen benutzten. Nach der Chri-stenlehre rannten wir nach Hause, um «Spaß am Montag» nicht zu verpassen, manchmal machten wir am Parterrebalkon eines Zehngeschossers einen Klimmzug, weil wir wußten, daß dort im Wohnzimmer, in das man durch den Spalt unter der Brüstung sehen konnte, der Farbfernseher lief.

Später, als wir in die Junge Gemeinde aufgenommen wur-den, spielten wir mit dem Pfarrer in der Gruft der Kirche, wo in Sarkophagen mumifizierte Ortsadlige lagen, Tischtennis, es gab Vorträge über Dalí, Hermann Hesse und «die Günderode». Die älteren Jungs rauchten Pfeife, hatten lange Haare und gin-gen im Sommer im Gebirge klettern, während viele der auffäl-lig attraktiven Mädchen Medizin studieren wollten und im Krankenhaus freiwillig Frühchen streichelten.

Ich freute mich schon auf die Gesichter der Heiden, wenn wir uns im Himmel alle wiedertreffen würden und sie kleinlaut zugeben müßten, daß es die ganze Zeit doch einen Gott ge-geben hatte. Meine Freunde, meine Lehrer, selbst Marx und Lenin würden dann dort sitzen und sich schämen. So lange war mir mein christlicher Hintergrund peinlich, nur nicht vor anderen Christen, die ich an Accessoires wie Holzkreuzchen an Lederbändern, Bundeswehr-Nickelbrillen, gefärbten Stoffwindeln als Halstücher erkannte. Eine bestimmte, für unser Land untypische, freundlich-zugewandte Art und ein Interesse an kulturellen Dingen und an Büchern aus dem Westen ließen mich vermuten, daß jemand christlich war, und meistens lag ich damit richtig. Wir wollten das Land und die Welt verbessern, während die anderen sich eingerichtet hatten oder auf ihre Ausreise in den Westen warteten, was für einen wahren Christen keine Option war, denn man blieb dort, wo einen Gott hingestellt hatte, und tat seine Pflicht.

Ich wußte, daß ich eigentlich abends beten sollte, aber wie das Zähneputzen war es mir lästig, weshalb ich ständig ein schlechtes Gewissen hatte. Wie sollte ich mich an Gott wenden, der schließlich allwissend war und sowieso schon wußte, was ich ihm zu sagen hatte? Dennoch mußte ich es ihm noch einmal persönlich sagen, und daß ich zu faul dazu war, ließ sich vor ihm nicht verheimlichen, andererseits hatte er mich ja so faul geschaffen. «Lieber Gott, entschuldige, daß ich dich einfach so anspreche, aber wie soll ich sonst beginnen?» Hier mußte ich mich an der Nase kratzen und für einen Moment meine gefalteten Hände voneinander lösen, was sich anfühlte, als würde ich mitten im Telefongespräch den Hörer auflegen. «Ich möchte dich bitten, mir zu helfen, daß ich ein besserer Mensch werde. Ich weiß, daß es egoistisch von mir ist, ein besserer Mensch sein zu wollen als andere, das wollen ja vielleicht alle, und es muß auch schlechtere Menschen geben, sonst gäbe es keine besseren, und du willst vielleicht gerade denen helfen, die *nicht* an dich glauben, weil sie verlorene Schafe sind. Es tut mir leid, daß ich so selbstsüchtig bin, aber du hast mich ja so geschaffen. Und selbst wenn ich anders wäre, wäre das allein dein Verdienst. Ich weiß, daß ich gestern nicht gebetet habe,

und es muß so wirken, als würde ich es heute nur tun, weil ich
eine Bitte habe ...» (Hier mußte ich gähnen, wie immer, wenn
wir in der Kirche im Stehen das «Vaterunser» murmelten, ich
konnte nichts dafür, und ich fühlte mich deswegen schuldig).
«Lieber Gott, bitte mach, daß es keinen Dritten Weltkrieg gibt.
Ich bete für Papa und Mutti und meine Geschwister und alle
meine Verwandten und alle, die ich kenne. Ich bete auch für
die Bösen, denn sie haben auch eine Seele, und sie können
nichts dafür, daß sie böse sind. Ich danke dir, daß ich nicht
böse bin, aber ich würde es natürlich akzeptieren. Ich bete für
alle Tiere, alle Pflanzen und für alle Steine, die Luft und die
Sterne, das ganze Universum. Lieber Gott, ich bete auch für
dich, aber nicht, weil ich mich einschleimen will. Ich hoffe, du
verzeihst mir, daß ich mir einbilde, mit dir sprechen zu können, aber ich muß diese Dinge denken, also wäre es unehrlich,
sie nicht auch auszusprechen, ich würde es auch tun, wenn du
meine Gedanken nicht sowieso kennen würdest, obwohl ich
das nicht beweisen kann, du mußt es mir einfach glauben. Bitte
gib mir eine Erleuchtung, ob Doreen mich gut findet, ich werde
dich nie wieder um so etwas bitten, ich brauche nur ein Zei-
chen, dieses eine Mal. Natürlich ist der Frieden wichtiger, das
wäre mein erster Wunsch, und ich hoffe nicht, daß es unver-
schämt wirkt, wenn ich gleich zwei habe und du mir dann zur
Strafe gar keinen Wunsch erfüllst, in dem Fall würde ich den
Frieden nehmen. Lieber Gott, bitte sei mir nicht böse, daß ich
jetzt so plötzlich aufhöre, aber ich muß noch mal aufs Klo,
amen.»

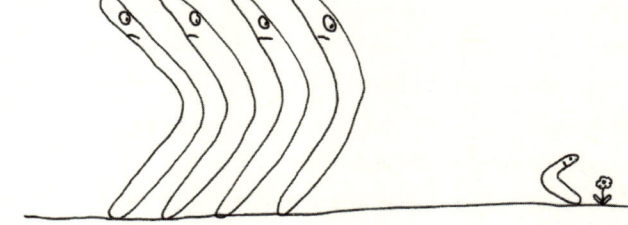

BUMMELRANG

Stehplatzhotel

Warum zahlt man für einen Stehplatz im Zug den gleichen Preis, wie wenn man sitzt? Stehplätze im Fußballstadion kosten ja auch weniger, und im Liegewagen kostet die Fahrkarte sogar mehr. Selbst in Hotels bezahlt man weniger, wenn man die Nacht im Stehen verbringt, jedenfalls wäre das denkbar. Das Tarifsystem der Deutschen Bahn ist viel zu wenig ausdifferenziert. Es müßte ein Ticket für Fahrgäste geben, die bereit sind, jemand anderen auf den Schoß zu nehmen. Wenn beide ungefähr zwei Drittel des normalen Fahrpreises zahlen, würde die Bahn sogar ein Drittel Gewinn machen. Man könnte auch Jobs anbieten im Zug, zum Beispiel Abwaschen oder Fahrkarten kontrollieren. Oder Witze erzählen auf einem der Kopfhörerkanäle. Es könnten Hometrainer bereitstehen, auf denen die Fahrgäste während der Fahrt Strom erzeugen, um ihren Ticketpreis zu drücken. Im Grunde wären Formen von Selbstverwaltung denkbar, also daß die Fahrgäste entscheiden, wo der Zug hält, wie warm es im Abteil ist oder welche Strecke man fährt. Es gibt doch wirklich schönere Strecken als Berlin – Wolfsburg, warum fährt man dorthin nicht über den Harz? Daß es noch Zugführer gibt, ist ja nur ein Zugeständnis an den Aberglauben der Reisenden, die sich ohne eine menschliche Marionette vor der Technik ängstigen würden. Als würde man einem Taschenrechner nur vertrauen, wenn in Wirklichkeit ein Mensch alle Aufgaben ausgerechnet und die Ergebnisse eingespeichert hat.

Man könnte auch andersrum denken und den Preis für diejenigen erhöhen, die nicht bereit sind, etwas zum Gemeinwohl beizutragen. Wer nur faul rumsitzt, statt Kaffee auszutragen, wird am Ende eine höhere Rechnung bekommen. Je mehr die Sparer sich ins Zeug legen, um so weniger bezahlen sie, und um so mehr bezahlen die Fahrgäste in der 1. Klasse. Wobei es natürlich auch Rabatte gibt, wenn man in seine Bildung investiert und zum Beispiel während der Fahrt ein gutes Buch liest oder ein schönes Bild tuscht, vielleicht sogar ein Aquarell von einem Motiv an der Strecke. Die Bilder könnten ja im Zug aufgehängt werden, in Hotels ist das doch schon allgemeine Praxis, anders ist gar nicht zu erklären, was für talentlose Schinken dort immer über dem Bett hängen, die können nur von aufgeflogenen Zechprellern stammen. Allerdings gilt der Kulturrabatt nur für gute Bücher und anspruchsvolle Zeitschriften, je niveauloser die Lektüre ist, um so höher der Ticketpreis. Wer das Bahnmobil-Magazin liest, womöglich sogar die Leseprobe dieses spannenden Romans über vier Freundinnen, die im Begriff sind, eine Fastenkur zu machen, und sich nun fragen, ob ihre Freundschaft stark genug ist, um die zu erwartenden unterschiedlichen Erfolge zu verkraften, der muß mindestens mit dem vollen Fahrpreis rechnen.

Ein besonderes Angebot für sportlich-dynamische Typen wäre es, neben dem Zug herzulaufen. Im ICE geht das natürlich nicht auf der ganzen Strecke, weil er trotz aller Bemühungen immer noch zu schnell fährt, aber an jedem außerplanmäßigen Halt könnte der Fahrgast ein Stück vorlaufen und die gesparte Strecke auf den Fahrpreis angerechnet bekommen.

Budapest April 2016

Mit meinem Kollegen David Wagner war ich für Lesungen und Gesprächsrunden zur Budapester Buchmesse eingeladen. Anlaß war die Übersetzung unseres gemeinsamen Buchs «Drüben und drüben – zwei deutsche Kindheiten», in dem wir von unseren einerseits so unterschiedlichen, andererseits aber auch wieder erstaunlich ähnlichen Kindheiten in den Siebzigern und Achtzigern in Andernach bei Bonn und in Ostberlin erzählen. Es war für mich überraschend, daß dieses Buch als erstes ausgerechnet ins Ungarische übersetzt wurde, aber es paßt natürlich gut, denn es handelt vom Alltag der deutschen Teilung, und aus Ungarn kamen entscheidende Impulse für den Fall des Eisernen Vorhangs.

Seit meinem letzten Besuch in Budapest vor zwei Jahren hat sich dort viel verändert, zum Beispiel ist das Betonfaltdach der wundervollen Metro-Eingangshalle am Széll-Kálmán-Platz renoviert worden.

Der Platz hieß bis 2011 «Moskauer Platz», die Budapester nennen ihn wohl immer noch so. Der alte Name hatte sich im Namensschild eines Bistros erhalten, das nun leider mit dem abgerissenen Seitentrakt des Gebäudes verschwunden ist.

Auf der U-Bahn-Linie zum Flughafen fahren immer noch die alten russischen Waggons, sie sollen überholt werden, bisher hat man aber nur das Firmenschild abgeschraubt, was in diesem Fall keine politischen Gründe hat. Bei meinem letzten Besuch hatte ich so ein Schild noch fotografieren können.

Im Schaufenster eines Briefmarkenladens fand ich diese Waggons als Motiv aus meinem Geburtsjahr 1970.

An einer anderen Stelle entdeckt man den für manche so unbeliebten Hinweis auf die russische Hauptstadt immer noch, nämlich als alte Neonwerbung für «Autoexport Moszkva» auf einem Dach am Donauufer, nahe der Margareteninsel.

Und nicht weit davon hat eine Werbung für Wernesgrüner Pilsner überlebt. Sogar noch mit dem Bierglasmännchen-Logo.

Überhaupt gibt es in Budapest noch eine lebendige Neon-schriftkultur, im Osten war das ein beliebtes Mittel, die Städte wenigstens bei Nacht bunt aussehen zu lassen. Schön fand ich aber auch diesen selbstgemalten Hinweis auf eine öffentliche Toilette. Ich suche diese Orte in Ungarn immer gerne auf, weil die Begriffe für «Männer» und «Frauen» in dieser Sprache so putzig klingen: «Férfi» und «Női».

Die Buchmesse im Millenáris-Park in Buda war angenehm übersichtlich, was leider nichts Gutes über den hiesigen Buch-markt aussagt. Am Eröffnungsabend handelten die simultan

übersetzten Reden vorwiegend vom Wein, den ein Sponsor bereitgestellt hatte. Während das Büfett gestürmt wurde, lief über
Lautsprecher Nouvelle Vague mit «I just can't get enough». Bei
unserer Buchpräsentation am nächsten Tag erzählte ich, daß
ich als Kind eine Weile gedacht habe, jede Hauptstadt sei durch
eine Mauer geteilt. Die Ungarn wunderten sich, wenn ich
ihnen erklärte, daß das prägendste ungarische Wort meiner
Jugendzeit «Hanglemezbolt» war: «Schallplattenladen». Damals
gab es diese Läden an jeder Ecke, und man bekam dort alles,
wovon man in Ostberlin träumte, allerdings für sehr viel Geld.

Wenn man jung war und weniger Wert auf ein modernes
Gesundheitssystem und perfekt ausgebaute Straßen als auf
westliche Schallplatten, Wassermelonen, Pepsi-Cola und Da-
none-Joghurt legte, konnte man in den Achtzigern meinen,
die Ungarn lebten schon im Paradies.

143

Allerdings war man damals auch beeindruckt von den freundlichen Ansagen vom Band in der Budapester U-Bahn, in Ostberlin wurde immer so durch knisternde Lautsprecher gebellt. Das Design der Bahnhöfe und die bunten Plastiksitze in vielen Varianten wirken immer noch modern.

Nach der Lesung wurde mir wieder einmal ein Buch, das ich gerne geschrieben hätte, zum Signieren gereicht, es stammte von einem der anderen Jochen Schmidts, mit denen ich gemeinsam an unserem Werk arbeite. Ich habe schon öfter in Vertretung Jochen Schmidts Bücher signiert, wenn sie bei Lesungen auf meinem Büchertisch angeboten wurden.

Es gibt eine wohl wirklich recht kleine Gruppe Ungarn, die glauben, ihr Volk stamme vom Sirius und spreche deshalb so eine spezielle Sprache. Ich empfand es in jedem Fall wieder als angenehm und entlastend, einmal nichts von den Gesprächen an den Nebentischen und in der Bahn zu verstehen, was bei uns ja oft ablenkt. Man kann wunderbar arbeiten, wenn im Café neben einem Ungarisch gesprochen wird. Trotzdem konnte ich es nicht lassen und versuchte, mit einem alten DDR-Lehrbuch ein bißchen Ungarisch zu lernen, die Beispielsätze waren teilweise etwas veraltet: «Az Elvtars, akit keres, nincs itt.» («Der Genosse, den Sie suchen, ist nicht hier.»)

Gespräche mit einheimischen Intellektuellen drehen sich schnell um die bedrückende politische Situation im Land.

Es ist tröstlich, wenn man dann hier und da im Straßenbild auf unschuldige Objekte aus der Vergangenheit stößt, besonders hat es mir immer altes Spielzeug angetan. Vor einem Trödelladen hing eine Blechrakete, die an das Interkosmos-Programm erinnerte, bei dem die Russen sich Technologien liefern ließen und dafür Kosmonauten ihrer sozialistischen Bruderländer mit ins All nahmen, die Ungarn waren immerhin als fünfte an der Reihe.

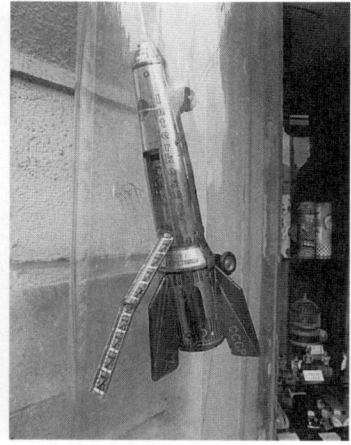

Noch mehr Gefühle kamen auf, als ich im Laden ein «Kybernet»-Auto entdeckte, das ich mir als Kind sehnlichst gewünscht hatte. Man konnte mit Plastikblöcken eine Route programmieren, die das Auto dann fuhr. Ein Schulfreund hatte «Kybernet» besessen, oft habe ich ihn deshalb besucht. Sollte ich dafür dreißig Euro ausgeben? Man hätte sich rechtzeitig ein Dutzend zulegen sollen, um sie jetzt zu verkaufen, aber wer war damals schon so weitsichtig?

Um mehr Spielzeug zu finden, fuhr ich eine Stunde mit der sehr gemächlichen S-Bahn nach Szentendre, um mir ein sogenanntes «Retro-Design-Museum» anzusehen: ein Einfamilienhaus, das bis unter die Decke vollgestopft war mit Fahrzeugen und Alltagsgegenständen aus Ungarn und den anderen Ländern des Ostblocks.

Das Mondauto, das beim Fahren einen Styroporball auf einem Luftstrahl balancierte, ein Onkel von mir hatte es besessen, leider waren bei unseren Besuchen nie die passenden Batterien vorrätig gewesen. Aber ich weiß ja jetzt, wo es steht, und kann es mir jederzeit in Budapest ansehen.

Der Keller des Museums quoll über von Werkzeugen und Autoersatzteilen – wahrscheinlich hatte er schon so ausgesehen, bevor das Haus zum Museum wurde –, auf einem Fernseher lief in einer Endlosschleife DDR-Fernsehwerbung: «Der neue Wartburg 1000, Kofferraum für 57 Fußbälle», hieß es darin, und man sah, wie der Kofferraum mit 57 Fußbällen gefüllt wurde. Ich erfuhr auch, daß um 1960 etwa 1000 Wartburgs in die USA exportiert worden seien, es habe sogar Anzeigen dafür im «Playboy» gegeben. An einem nachgestellten Zeitungskiosk las ich mich in alten Presseerzeugnissen fest. Die Mangelwirtschaft in den Ländern des Ostblocks hat auf der anderen Seite eine lebendige Bastelkultur befördert. Das Zentralorgan dafür war in der DDR die Zeitschrift «Practic», deren ungarisches, etwas cooleres Gegenstück «Ezermester» («Tausendmeister» beziehungsweise «Alleskönner») hieß. Hier eine Ausgabe über das wichtige Thema «Störungen».

Leider hat man in Budapest die internationale Mode aufgegrif-
fen, in den Fußgängerzonen simpel naturalistische Ganzkör-
perstatuen aufzustellen, sozusagen Wachsfiguren aus Bronze,
zum Beispiel für Inspektor Columbo oder Ronald Reagan, mit
denen sich die Touristen fotografieren. Im Memento Park am
Stadtrand kann man demontierte Statuen aus der kommunis-
tischen Zeit sehen.

Auch wenn man sie für ihre Botschaft kritisch sehen muß, waren sie künstlerisch teilweise von weitaus besserer Qualität als das meiste, was heute aufgestellt wird. Interessant ist, daß Marx und Engels in Ungarn wie Kyrill und Method aussahen.

Überhaupt Statuen. Ich fand in Budapest Material für meine Sammlung «Frauen und Technik».

Ich freute mich, endlich einmal ein «Denkmal für den allein-
erziehenden Vater» zu finden.

Sehr berührend auch das Gegenstück, das «Denkmal für das
Scheidungskind».

Und als Autor fühlte ich mich selbst geehrt oder wenigstens getröstet, denn gleich neben dem Literaturmuseum stand das «Denkmal des unbekannten Buchs». Eine Wasserwand, die sich von rechts nach links bewegt, stellt eine Seite beim Umblättern dar. Raffiniert!

Tiefenpsychologische Psychotherapie

DOKTOR RAK Guten Tag.

HERR BULLRICH Guten Tag.

Pause

HERR BULLRICH Ich weiß immer nicht, womit ich beginnen soll.

DOKTOR RAK Interessant, daß Sie immer damit beginnen.

HERR BULLRICH Eigentlich ist gar nichts Neues passiert, und ich will Sie nicht langweilen, wenn ich mich wiederhole.

DOKTOR RAK Sie werden sich noch oft wiederholen, und ich auch.

HERR BULLRICH Aber ist das nicht langweilig für Sie?

DOKTOR RAK Warum denken Sie das?

HERR BULLRICH Warum ich das denke? Das weiß ich doch nicht. Ich sitze doch nicht in mir drin und überleg mir ständig, was ich als nächstes denke. Ich laß mich da genauso überraschen wie Sie.

Pause

HERR BULLRICH Letzte Woche bin ich an einem Dessousladen vorbeigegangen und fand die Frau von der Strumpfwerbung erotisch.

DOKTOR RAK War das die mit den Strapsen?

HERR BULLRICH Kennen Sie den Laden?

DOKTOR RAK Ist da ein Rossmann gegenüber?

HERR BULLRICH Nein, dm.

DOKTOR RAK Sind Sie sicher? dm? Die haben ja ein sehr

umweltfreundliches Sortiment. Ich kaufe mir immer die fertigen Babygerichte, in diesen Schalen, die muß man nur warm machen. Aber die schmecken auch kalt.

HERR BULLRICH Angenommen, ich könnte zaubern und jede beliebige Gestalt annehmen, wie dieser eine griechische Gott, Zuse, oder wie der hieß, dann könnte ich nicht dafür garantieren, daß ich das nicht machen würde, also mich in irgendwen verwandeln, den die Frau attraktiv findet, nur um ihr einmal die Strümpfe runterzurollen, wenigstens einen. Ich fühle mich so schuldig, weil ich weiß, daß ich, wenn ich meine Gestalt beliebig verändern könnte, vermutlich nie wieder meine eigene Gestalt annehmen würde.

DOKTOR RAK Aber das ist doch nur in Ihrer Phantasie.

HERR BULLRICH Trotzdem, wenn meine Frau das wüßte. Sie guckt mich schon manchmal so komisch an. Als könnte sie meine Gedanken lesen. Und es ist ja nicht nur bei dieser Frau, ich begehre eigentlich fast alle anderen Frauen, jedenfalls die attraktiven, ich würde mich aber nie trauen fremdzugehen. Darunter leide ich so, daß ich unglücklich bin und Angst habe, meine Frau könnte mich verlassen, weil ich immer so deprimiert bin. Und ich habe Angst, daß Sie mich von meinen Schuldgefühlen heilen und ich tatsächlich fremdgehe. Machen Sie das bitte nicht. Ich bin hier wegen meiner Flugangst.

DOKTOR RAK Das ist doch ganz normal, ich begehre auch alle attraktiven Frauen. Machen Sie sich von ihrem Perfektionismus frei. Sie können ja immer noch eine Paartherapie machen, den Pfeil haben Sie noch im Köcher.

HERR BULLRICH Aber, daß ich praktisch alle Frauen auf der

Welt, bis auf meine, begehre, belastet meine Beziehung so sehr, daß eine Paartherapie mir nicht der richtige Weg scheint. Da müßte ich ja wahrscheinlich auch die Wahrheit sagen.

DOKTOR RAK Wovor haben Sie denn Angst?

HERR BULLRICH Na, vor meiner Frau.

DOKTOR RAK Aber wenn Sie sie nicht begehren, könnten Sie sich doch auch trennen.

HERR BULLRICH Ich will mich aber nicht trennen, ich will nur fremdgehen, wie normale Leute. Aber ich habe immer Angst, daß ich es danach nicht für mich behalten kann. Wir haben ja keine Geheimnisse voreinander, jedenfalls ich nicht. Also bis auf die Sachen, die ich denke, aber für die kann ich ja nichts.

Es klopft. Doktor Rak geht zur Tür im Vorraum, man hört ihn brüllen: «Das ist die Psychotherapie, die Physiotherapie ist im dritten Stock! Können Sie das Schild nicht lesen? Wie oft denn noch?»

DOKTOR RAK Entschuldigen Sie bitte, das geht hier fast jeden Tag so. Wo waren wir? Wir wollten herausfinden, wovor Sie wirklich Angst haben. Denn Ihre Angst ist nur der Stellvertreter einer viel tiefer liegenden Angst, vor der Sie solche Angst haben, daß Sie sich hinter Ihrer Angst davor verstecken. Wir müssen in die Tiefe vordringen.

HERR BULLRICH Sie meinen wie bei der Waschmittelwerbung? Das muß ja auch in die tiefsten Poren vordringen, wo sich der hartnäckige Schmutz versteckt, damit die Wäsche nicht nur sauber ist, sondern «rein», *porentief* «rein». Meinen Sie, Sie können mir helfen?

DOKTOR RAK Sonst wären Sie doch nicht hier.

HERR BULLRICH Wenn das ginge, würde ich mir eine Spenderseele transplantieren lassen, von einem Unfallopfer, das bis zu seinem Tod ein glücklicher und ausgeglichener Mensch war. Könnten wir uns nicht auch mal so treffen und uns normal unterhalten, die Zeit ist immer so kurz, oder müßte ich dann bezahlen?

DOKTOR RAK Es ist etwas völlig anderes, ob man sich hier unterhält oder privat.

HERR BULLRICH Warum? Ich bin privat genauso. Sind Sie privat denn anders? Geht Ihre Uhr richtig? Ist schon wieder die Hälfte rum? Ich wollte eigentlich über meine Flugangst reden, aber wenn die Zeit so kurz ist, fühle ich mich immer so unter Druck. Nächstes Mal mache ich mir vorher Notizen.

DOKTOR RAK Es ist ganz egal, alles, was sie hier tun, ist richtig.

HERR BULLRICH Meinen Sie denn, ich sollte fremdgehen? Oder wird es mir dann noch schlechter gehen? Wenn das gehen würde, würde ich mit meiner Frau fremdgehen, aber das hieße ja auch, daß sie mit mir fremdgeht.

DOKTOR RAK Sie müßte es ja nicht erfahren.

HERR BULLRICH Daß sie mit mir fremdgeht?

DOKTOR RAK Vielleicht hat sie es längst getan?

HERR BULLRICH Dann wäre es ja nur gerecht, wenn ich sie jetzt auch betrüge. Sollte ich das tun?

DOKTOR RAK Sie sollen gar nicht, aber wenn Sie nicht fremdgehen, lügen Sie ja auch.

HERR BULLRICH Das erzähle ich ihr lieber nicht.

DOKTOR RAK Das müssen Sie entscheiden.

HERR BULLRICH Sollten wir nicht eigentlich über meine

Träume reden? Ich meine, ich dachte immer, man redet über Träume? Und daß man sich auf eine Couch legt? Soll das die Couch sein? Warum eigentlich eine Couch? Man könnte doch auch eine Schaukel nehmen, oder eine Hängematte.

DOKTOR RAK Wie Sie wollen.

HERR BULLRICH Haben Sie denn überhaupt keine eigenen Vorstellungen davon, was wir hier machen?

DOKTOR RAK Um mich geht es nicht.

HERR BULLRICH Wir hatten übrigens diese Woche wieder Sex, nach einem Jahr.

DOKTOR RAK Im Flugzeug?

HERR BULLRICH Nein, in der Mittagspause. Ich war währenddessen richtig aufgeregt, weil ich mich so darauf gefreut habe, es Ihnen zu erzählen, weil das für Sie ja sicher ein Durchbruch ist.

DOKTOR RAK Um mich müssen Sie sich keine Sorgen machen.

HERR BULLRICH Und wenn benutzte Taschentücher im Papierkorb liegen, weil die Patienten vor mir weinen mußten, dann freue ich mich, daß Sie einen erfolgreichen Tag hatten.

DOKTOR RAK Leider ist unsere Zeit um.

HERR BULLRICH Das geht immer so schnell, gar nicht wie im richtigen Leben.

DOKTOR RAK Finden Sie?

HERR BULLRICH Sie nicht?

DOKTOR RAK Das habe ich nicht gesagt.

HERR BULLRICH Man muß schon sagen, Sie verstehen Ihr Geschäft …

DOKTOR RAK Danke, bis nächste Woche. Und denken Sie bitte an Ihre Versichertenkarte.

HERR BULLRICH Ich geh jetzt zu dm und hol mir den Kin-
derteller mit Karottenstreifen und feinem Wildlachs.

DOKTOR RAK Ich eß immer die Muschelnudeln mit Toma-
ten und Zucchini.

HERR BULLRICH Wir können uns ja mal zusammen was
warm machen.

Konsumversagen

Plötzlich verspüre ich den Wunsch, mir etwas zu kaufen, das ist doch der ganze Vorteil am Erwachsensein, man kann sich seine Wünsche selbst erfüllen, ein unbeschreiblicher Gewinn an Freiheit. Aber was wünsche ich mir? Rolltreppe für Rolltreppe fahre ich in diesem Kaufhaus nach oben, und die Hoffnung wird immer geringer, während ich immer trauriger werde. Kann es denn sein, daß ich in einem so großen Kaufhaus, in dem es alles zu geben scheint, nichts haben will? Ist das noch normal? Es müßte etwas sein, was lange hält, was ich vielleicht sogar vererben kann, etwas fürs Leben. Das macht mir angst, denn wenn ich es wirklich brauche und nicht finde, wie soll ich dann weiterleben? Oder gerade nichts fürs Leben? Etwas, was ich nur ganz kurz brauche, in diesem Moment? Es sollte aber etwas Besonderes sein, ich möchte nicht, daß alle anderen es schon haben, ich bin doch nicht wie die! Mein Geld soll es erlösen, nur durch mich wird es seine Bestimmung finden, ich bin die Zutat, die meinem Gekauften noch fehlt, die kein Hersteller vorhersehen konnte. Wenn ich nur wüßte, was es ist? Es könnte sich überall in diesem Kaufhaus verstecken, die Suche ist fast aussichtslos. Es kann ja nur ein ganz bestimmter Gegenstand sein, sonst wäre mein Kaufwunsch gar nicht auf ein Objekt bezogen, sondern ein seelischer Zustand, der durch irgendeine beliebige Anschaffung überwunden würde, dann ginge es ja gar nicht um das, was ich will, sondern einfach nur ums Kaufen. Als würde ich eine Beziehung haben, in der die Frau völlig austauschbar ist und ich nur Angst habe, allein zu sein, das ist so unromantisch, so möchte ich nicht konsumieren. Wer kann mir helfen? Vielleicht einer der Verkäufer? Oder hätte ich lieber eine Verkäuferin? Ich fühle mich bei Frauen oft in besseren Händen. Doch woher soll sie wissen, was ich mir wünsche? Ich weiß es ja selbst nicht. Oder reicht es schon, daß sie mir hilft, die Antwort zu finden? Wieviel muß ich ihr von mir erzählen, damit sie mir helfen kann? Muß ich nicht eigentlich eine Therapie bei ihr machen, damit wir herausfinden, welches Produkt mich von meinem Wunsch heilen könnte? Wie halten die Verkäufer das aus, den ganzen Tag damit konfrontiert zu werden, daß jemand etwas kaufen will? Vielleicht wollen sie insgeheim manchmal selbst auch etwas kaufen? Ich habe in einer Kaufhalle einmal eine Verkäuferin beobachtet, die nach der Schicht an der Kasse anstand, mit Lebensmitteln in der Hand, ein verstörender Anblick! Als würde man seinem Therapeuten in der Sauna begegnen! Ich bin müde vom Suchen, die Rolltreppen führen mich wieder nach unten, ich fühle mich schuldig, weil ich das Kaufhaus mit leeren Händen verlasse. Man kommt sich vor wie ein Ladendieb. Aber wie oft habe ich etwas gekauft und schon auf dem Heimweg den Kauf bereut. Ich hatte nicht tief genug in mich hineingehorcht. In meiner Kindheit habe ich einmal einen Hasen nicht bekommen, den man mit einem Druckluftschlauch auf einer Trommel trommeln lassen konnte. Hat es damit zu tun, daß ich jetzt beim Kaufen nicht glücklich werde? Sind meine Eltern schuld? Oder das System? Gibt es bei uns gar nicht für jeden etwas zu kaufen?

Alle Dichter lügen

Da ich als Freiberufler von Aufträgen abhängig bin, müßte ich mich eigentlich über jede Anfrage für einen Text freuen. In Wirklichkeit verursacht mir das aber Schweißausbrüche, weil ich mir wieder Arbeit aufhalse und doch gerne einmal alles erledigt haben möchte, um mich tiefergehenden Studien widmen zu können. Ich versuche deshalb, den Aufwand klein zu halten. Wenn die Anfrage lautet: «Fällt Ihnen etwas zu diesem verregneten Frühjahr ein?», bitte ich um möglichst viel Zeit zum Überlegen, obwohl ich schon einen fertigen Text im Hinterkopf habe, den ich an das Thema anpassen könnte. In diesem Fall «Festes Schuhwerk», ein Text, in dem es um meine Wanderschuhe geht, die ich neuerdings immer im Winter in der Stadt trage, weil ich mir irgendwann eingestanden habe, daß ich nie mehr im Gebirge wandern gehen werde. Dieser Text spielt zwar nicht im Frühjahr, aber das läßt sich ja leicht ändern. Denselben Text habe ich auch verwendet, als es eine Anfrage zur Auswirkung des Internets auf die Erzählstruktur zeitgenössischer, deutscher Romane gab. Ich mußte nur die Überschrift ändern, «Wandern im Netz», und zwei, drei zeitgenössische, deutsche Romane erwähnen, das ließ sich ja leicht googeln. Die Inhaltsangaben fand ich auf Wikipedia, insofern hatte mein Text wirklich etwas mit dem Internet zu tun.

Als die Anfrage vom WDR kam, einen Text zum Thema Lügen zu schreiben, in dem ich mich auf die zwar allgemein, mir aber nicht bekannte Aussage Platons beziehen sollte: «Alle Dichter lügen», habe ich natürlich sofort zugesagt. Irgendein

Text zum Thema würde sich schon finden, warum nicht «Festes Schuhwerk?» Allerdings hatte ich mich in diesem Frühjahr ein wenig verzettelt, weil es überraschend viele Anfragen für Texte gegeben hatte. Die Arbeit, «Festes Schuhwerk» an all diese Themen anzupassen, artete schon fast in Arbeit aus. Aber sie konnten schlecht von mir erwarten, daß ich für das bißchen Geld jedesmal einen neuen Text schrieb! Das war auch gegen meine Überzeugungen. Was für Energie, Kleidung und Verpackungsmaterial galt, mußte doch auch für Texte gelten, auch hier waren Nachhaltigkeit und Recycling das Gebot der Stunde. Warum immer neue Texte produzieren, wenn es schon so viele alte gab, die genauso gut, wenn nicht sogar besser waren? Ich überlegte also, ob sich «Festes Schuhwerk» für das Thema Lügen eignen könnte (für eine Tageszeitung bearbeitete ich den Text so, daß er sich für «Gesamtschule Pro und Kontra» eignete, und für einen Beitrag in der Broschüre zur Berliner Bundesratspräsidentschaft schrieb ich ihn auf das Thema: «Was mir der Westen an Gutem gebracht hat» um). Als der Redakteur das erste Mal, noch per Mail, nachfragte, wie es denn um den Lügen-Text stehe, schrieb ich ein paar Tage lang nicht zurück und behauptete hinterher, seine Mail sei wohl im Spam-Ordner gelandet. Ich hatte «Festes Schuhwerk» inzwischen auch noch an ein Elternmagazin verkauft, für eine Rubrik mit Gutenachtgeschichten. Das war ganz gut bezahlt, und ich konnte zumindest garantieren, daß die meisten Kinder bei der Lektüre einschlafen würden. Aber ich kam wegen der vielen Anfragen nicht dazu, die Platon-Aussage im Text unterzubringen. Der Redakteur ließ nicht locker, er rief mich an und wollte einen Studiotermin für die Aufnahme buchen. Ich behauptete, der Text sei fertig und müsse nur noch 1–2 Tage «ruhen», das sei meine Methode. So verschaffte ich mir genug Zeit, um mit der Arbeit bis zum nächsten Tag warten zu können. Es war ja nicht viel zu tun, aber manchmal fühlt sich wenig Arbeit schlimmer an als viel Arbeit.

Ich kam aber auch am nächsten Tag nicht dazu, weil ich eine Anfrage von der ZEIT erhielt, ich sollte für sie im Schwimmbad vom Zehn-Meter-Turm springen und darüber schreiben. Ich sagte natürlich zu, schließlich hatte ich den Text schon fertig, «Festes Schuhwerk» ließ sich mit wenigen Strichen ins Schwimmbad verlegen. Der WDR-Redakteur schrieb mir: «Lieber Jochen, ich habe jetzt einen Studiotermin für Dich gebucht. Es wäre schön, wenn Du mir den Text vorher noch zur Ansicht schicken würdest.» Ich schrieb zurück, ich hätte ihn ja schon fertig, er müsse allerdings länger ruhen als gewöhnlich, weil besonders viel Arbeit drinstecke. Danach legte ich mich erst einmal hin, weil ich nicht arbeiten kann, wenn ich müde bin, und ich bin eigentlich immer müde. Am Tag der Aufnahme weckte ich mich aber schon um sieben Uhr morgens und googelte Platon. Es war schnell klar, daß zu diesem Philosophen mehr geschrieben worden ist, als man in der kurzen Zeit lesen konnte. Ich erinnerte mich aber an Platons «Symposion», einen Dialog, der damit endet, daß Sokrates nach einem Besäufnis morgens barfuß nach Hause geht. Es war sicher nicht falsch zu vermuten, daß viele Griechen kein festes Schuhwerk besessen hatten! Damit war die Brücke zu meinem Text «Festes Schuhwerk» geschlagen, der mir wieder einmal gute Dienste leisten würde. Es war wirklich ein toller Text, schade, daß ich ihn nie in seiner eigentlichen Form verkaufen konnte, sondern immer nur, nachdem ich ihn an irgendein Thema angepaßt hatte. Platon hatte also gesagt «Alle Dichter lügen». Der hatte gut reden! Er mußte ja auch keine Rentenversicherung, keinen Unterhalt, keinen Steuerberater, keine Agenturprovision, keine Nachhilfestunden, Parktickets und Dispokredit-Zinsen zahlen. Ganz zu schweigen von den Zahnfee-Gebühren. Wenn ich ein griechischer Philosoph wäre, könnte ich «Festes Schuhwerk» endlich im Original veröffentlichen, und es könnte mir egal sein, daß ich nichts damit verdienen würde. Aber ich stand ökonomisch unter Druck, und deshalb konnte ich mir solche Capricen nicht leisten. Statt dessen schrieb ich «Festes Schuhwerk» noch einmal um und gab dabei sogar zu, daß ich den Redakteur die ganze Zeit angelogen hatte. Ich kann einfach nicht lügen!

Fritzchen schreit

Es hat noch niemand herausgefunden, warum Babys schreien, ein leises Wimmern würde wärmere Gefühle wecken, wie man an Katzen sieht, die weit weniger beliebt wären, wenn sie schreien würden statt miauen. Die Natur ist schuld, weil die Milchproduktion der weiblichen Brust durch Schreien angeregt wird, Männer macht es nur aggressiv. Dabei muß ich *schrei*ben, *schrei*ben, *schrei*ben. Ein Exposé für ein poetisches Theaterstück über den Klimawandel, für Null- bis Dreijährige. Überall liegen aufgegebene Anfänge. «Es war einmal ein *Schrei*ner, der hieß *Schrei*nemakers.» Ich kann bei dem Geschrei nicht schreiben, es ist unbe*schrei*blich. Meine Karriere ist zum *Schrei*tern verurteilt, wenn ich die Deadline nicht schaffe, ich will es nicht be*schrei*en. Ich habe schon Angst vor meinem eigenen *Schrei*btisch. Liegt noch was im Kühl*schrei*n? Eine Packung *Schrei*bletten? Nein, nur noch Milch, aber die ist längst sauer. Seit Fritzchen nächtelang schreit, müssen wir die immer sofort verbrauchen. Dabei sind wir die liebsten Eltern der Welt, wir haben während der Schwangerschaft sogar aufgehört, «The Walking Dead» zu gucken, damit das Böse nicht irgendwie zu ihm durchsickerte. Wir massieren Fritzchen den Bauch mit Babyöl, in Uhrzeigerrichtung, wir streicheln ihn, denn Hautkontakt fördert die Entwicklung und macht intelligent, wir tragen ihn im Pilotengriff herum, bis zur Sehnenscheidenentzündung, wir spielen ihm seine beiden Lieblingslieder auf den beiden Spieluhren vor, wir haben ihm eine Schlumpi-Puppe von Käthe Kruse gekauft, die er vollsabbern

kann, und eines der erfolgreichsten französischen Export-
produkte, «Sophie la giraffe», wartet nur darauf, daß er seine
ersten Zähne in den Naturkautschuk rammt, er hat ein Bett,
ein Extrabett, ein Ställchen, einen Babysitz, eine Wippe, eine
Badewanne, ein Tragetuch, eine Manduka, er hat ein selbst-
gebasteltes Mobile zum Betrachten, das wir abwechselnd ver-
zwirbeln, damit es sich für ihn dreht, er hat mehr, als ich je
hatte, aber wir leben nur in der Angst, daß seine Stimmung
umschlagen könnte und er schreit. Am gefährlichsten ist es,
wenn er lächelt, denn dann braut sich etwas zusammen. Das
einzige, wobei er nicht schreit, ist, wenn man ihm einen Pullover über den Kopf zieht, dabei würde *ich* ja schreien. Er hatte
offenbar keine traumatische Geburt, wenn es ihm so wenig
ausmacht, seinen Kopf durch eine dehnbare Öffnung zu stek-
ken. Wir liegen meistens in einer Art Dämmerzustand auf
dem Bett, nicht schlafend und nicht wach, die Tageszeiten
haben ihre Bedeutung verloren, und wir sind außer uns vor
Freude, wenn er unsere Gespräche mit einem Darmwind untermalt, er hat das Timing eines großen Humoristen. Immer,
wenn wir kurz vor dem Verzweifeln sind, läßt er von sich
hören, und alles kommt uns gleich viel weniger schlimm vor.
Es ist so ein herrliches Geräusch, da kann Rülpsen gar nicht
mithalten. Am schönsten ist es, wenn es so richtig in die Win-
del knattert, dann öffnen wir sie gespannt wie ein Westpaket
und freuen uns, wenn sie noch voller ist als beim letzten Mal.
Es macht Spaß, die Klettverschlüsse zu öffnen und zu schließen, ich habe mir schließlich früher immer Turnschuhe mit
Klettverschlüssen gewünscht und nie welche bekommen, jetzt
sind sie wenigstens an Fritzchens Windeln dran. Wenn noch
DDR wäre, würden findige Jugendliche die Windelklettver-

schlüsse an ihre Stoffturnschuhe nähen und aus den Zellstoffresten Silvesterknaller basteln. Haben Babys im Sozialismus auch geschrien? Wie hat man das den Menschen erklärt? Offiziell waren wir doch alle glücklich. Es wäre schon ein Wunder, wenn die empfindlichsten Wesen unter uns auf die Mißstände in unserer Welt nicht mit Geschrei reagieren würden. Sie sprechen nur aus, was wir fühlen.

ROHLING ON THE RIVER

Jubiläums-Endspurt bei Möbel Kraft

Seit ungefähr zwanzig Jahren bekomme ich regelmäßig Briefe von «Möbel Kraft», obwohl ich dort noch nie ein Möbelstück gekauft habe, ich wüßte nicht einmal, wo sich eine der Filialen befindet. Aus meiner Fernseh-Kindheit ist mir vom SFB («Sender Freies Berlin») noch die ständige Werbung für Möbel Hübner und Möbel Höffner in Erinnerung, eine dieser Markendualitäten, die mir für den Westen typisch schienen, wie Adidas und Puma, Knoppers und Hanuta, Mamba und Fritt. Auffällig war, daß in Möbelhäusern praktisch immer Ausnahmezustand herrschte, «Aktionstage» mit Sonderangeboten, kein Möbelhauskunde schien bereit zu sein, ein Möbelstück zum normalen Preis zu kaufen. Weil ich an Möbelhäuser eigentlich gar nicht glaube und eher Platz kaufen müßte statt Möbel, habe ich die Möbel-Kraft-Briefe bisher immer ungeöffnet weggeworfen und vorher durchgerissen (damit sie niemand anders las, sie waren schließlich an mich gerichtet), aber man muß auch im Alter bereit sein, neue Wege zu gehen, und so war endlich der große Tag gekommen, und ich habe den ersten Möbel-Kraft-Brief meines Lebens geöffnet.

Ich habe den Sinn von Werbung nie verstanden, wer erbarmungswürdig um Kunden buhlt, gibt doch nur zu, wie nötig er es hat und daß seine Produkte nicht für sich sprechen. Und wenn auch die Konkurrenz Werbung macht, hebt sich der Effekt doch wieder auf? War das nicht wie bei den Kiefern im Wald, die sich auch darauf einigen könnten, einfach alle klein zu bleiben, statt so hoch zu wachsen und am Ende nichts gewonnen zu haben? Andererseits zählte das *close reading* von Versandkatalogen aus dem Westen, die von Leser zu Leser weiterverborgt wurden, zu den lustvollsten Eskapismen in der DDR, und ich hätte, als notorisch unter Kaufreue leidender Kunde, gerne einmal wieder das aus der Kindheit vertraute Gefühl von Staunen und Gier angesichts unzähliger Produkte, die man haben wollte, heraufbeschworen, um mich wieder jung zu fühlen.

Der Briefumschlag hatte ein Fenster für die Adresse, was immer einschüchternd amtlich auf mich wirkt, oben stand «Wichtige Kunden-Information» und darunter «Große Nonstop-Tiefpreis-Aktion vom 1.10. bis 20.10.». Die Zeit lief also schon, und es waren kaum noch drei Wochen! Auf der Rückseite war vom «Super-Jubiläums-Angebot» die Rede, es waren Geldscheine abgebildet, denn der Brief enthielt «20.–» (Euro?) «als Sofort-Ersparnis» und noch dazu «attraktive Vorteils-Coupons». Es war klar, daß es hier in erster Linie um Sprache ging, ich schaute Kollegen über die Schulter. Da die Texter damit rechnen mußten, daß die Kunden von der Werbepost anderer Möbelhäuser abgeschreckt und mißtrauisch geworden waren und so einem Brief keine Aufmerksamkeit schenken würden, bildete man besonders lange Substantive, die das Bewußtsein am Stück schlucken mußte, wenn es den Anfang des Worts bereits zu sich genommen hatte. Aber auch das Auge wurde angesprochen, denn bei dem Stapel praktischer Faltblätter, die sich im Brief befanden und von denen man, kundenfreundlich, einfach die aufheben konnte, die einen am meisten interessierten, hatten die Gestalter in den Wörtern «schick», «Komfort» und «Kauf» das «K» durch das «K» aus dem Möbel-Kraft-Logo ersetzt (seltsamerweise nicht bei «Möbel Kraft» selbst).

Am dicksten war ein Prospekt mit Möbeln, sicher der Kern-kompetenz von «Möbel Kraft», auf dessen Vorderseite eine «Moderne Wohnlandschaft» angepriesen wurde, also eine Art Sofagarnitur in «Espresso», einem hellen Braunton, zum «Ab-holpreis» von 999 Euro. Die Wohnlandschaft verfügte (gegen Mehrpreis) über eine «Querschläferfunktion». Ich habe auch nach längerem Betrachten der Fotos nicht herausbekommen, was damit gemeint sein sollte. Mein Sohn ist «Querschläfer», nachts wache ich deshalb manchmal von Tritten gegen meinen Kopf auf und presse mich noch fester an die kalte Wand, um mich zu schützen. Vielleicht würde eine Wohnlandschaft mit Querschläferfunktion Abhilfe schaffen? Und bei der Gelegen-heit könnte ich für uns auch eine «7-Zonen-Gel-Tonnen-taschen-Federkern-Matratze» kaufen, bei Laufschuhen habe ich mit Gel in der Sohle ja gute Erfahrungen gemacht.

Auf der nächsten Seite gab es ein «dreiteiliges Babyzimmer» zu kaufen, bei dem der Korpus des Babybetts mit «Wildeiche-Trüffel-Nachbildung» gemasert war. Das Babybett war umbau-bar zum Juniorbett «inkl. Schlupfsprossen». Ich kombinierte, daß es sich dabei wahrscheinlich um fehlende Gitterstäbe han-delte (die man heutzutage lieber «Sprossen» nannte), durch die der Junior schlüpfen konnte, wenn er nachts auf die Toilette mußte, so daß die Eltern nicht geweckt wurden.

Der nächste Entwicklungsschritt für den Junior ist schon «Junges Wohnen», mit einem «Wohnprogramm» aus High-board, Paneel, TV-Element und Vitrine. Weil diese schicken Möbel auf den einen oder anderen vielleicht gar nicht so jung wirken könnten, hingen als pfiffige Deko-Idee über dem High-board zwei Plakate mit Buchstabenzeilen verschiedener Größe, so wie man es vom Optiker-Sehtest mit dem Phoropter kennt, sozusagen ein *Objet trouvé*, wie es Jugendliche aus Geldmangel, und weil sie nicht so unlocker sind wie Erwachsene, gerne verwenden, um ihre Wohnung oder ihr WG-Zimmer zu verschönern. Für die nötige Gediegenheit, weil Jugendliche bei aller Lockerheit auch ernst genommen werden wollen, sorgte dann eine 5-flammige Deckenleuchte «opal gewischt».

Auf der Rückseite des Faltprospekts wurde schließlich eine «moderne Einbauküche in frischen Farben» angeboten, nach dem zeitgemäßen Open-living-Prinzip, auf dem Foto hielt die junge Mutter, die zu Hause Turnschuhe trug, einen robusten, grünen Kaffeemug in der Hand, während ihr Junior mitten in der Küche auf einem Schaffell mit der (ebenfalls grünen) Salatschleuder spielte (gut beobachtet!). Gleich darunter gab es ein Angebot für das Meisterkoch-Topfset «Radius», was bei mir die Frage aufwarf, welche Produkte hier eigentlich Namen trugen? Ich fand beim Zurückblättern nur den «Modernen Webteppich ‹Louvre Melange›» sowie Staubsauger und Waschmaschine, die Star-Wars-mäßig «VS27A400» und «WM14B222» hießen (1400 Umdrehungen! Ob ich noch die 2000 erlebe?).

Bisher hatte ich nur den Hauptprospekt gelesen, aber jetzt kamen die «125 Jahre-Jubiläums-Knaller» («Knaller» wieder mit Möbel-Kraft-K geschrieben), denn es handelte sich um ein «Mega-Jubiläum», weshalb dem Brief eine persönliche Einladung «zum Jubiläums-Endspurt» beilag, in der es hieß: «Wir bedanken uns für Ihr langjähriges Vertrauen.» Leise Gewissensbisse stellten sich ein, weil man mich vielleicht mit einem treueren Kunden verwechselt hatte. Lag ein Irrtum vor, und ich hätte den Brief mit den großzügigen Angeboten gar nicht bekommen dürfen? Dann war ich doch eigentlich zur Aufklärung verpflichtet? Ich durfte mich doch nicht mit fremden

Federn schmücken? «Bitte gleich öffnen. Hier sind die Jubiläums-Vorteile drin», diese Aufforderung richtete sich möglicherweise gar nicht an mich! Wie ein Betrüger kam ich mir vor, als ich mir die Gutscheine für 1 Glas Prosecco (gratis, «solange der Vorrat reicht») ansah, für Heidelbeerkuchen mit einer Tasse Kaffee (statt 3,10 nur 2,50 Euro, «solange der Vorrat reicht») und für Wildgulasch mit Apfelrotkohl und Spätzle (hier sparte man am meisten, statt 6,90 waren 3,90 zu bezahlen, der Vorrat würde nicht lange reichen).

Würde ich die Dreistigkeit besitzen, mir die «20.-Jubiläums-Sofort-Ersparnis» zu sichern, auch wenn der Brief mich nur irrtümlich erreicht hatte? Und gar die «Jubiläums-Sparchecks» über 200.- und 500.-? Eine Fußnote verwies hier jeweils auf die Rückseite des Prospekts. Die Verrechnung der 500.- galt «innerhalb des Aktionszeitraums» ab einem Einkaufswert von 2500 Euro:

«Ausgenommen von dieser Rabattaktion sind alle Artikel aus der Elektroabteilung und unserem Fachsortiment sowie Gutscheine und Bücher. Und Artikel der Marken Aeris, B-Collection, Conform, Erpo, Flexa, Henders&Hazel, Kettler, Lifetime, Miele, Möbel von Leonardo, Musterring, Naturstücke, Rolf Benz, Sieger, Spectral, Stressless, tempur, Walden, Zebra und aus der Abteilung Gartenmöbel die Marken Angerer, Doppler, Lafuma, Landmann, Liro, MWH, Nieheff contract, Ploss und Schneider. Ebenfalls ausgenommen sind bereits reduzierte Möbel, Küchen, Matratzen oder als Aktionspreis gekennzeichnete Artikel sowie in diesem Werbemittel beworbene Waren.»

(Um die kleine Schrift lesen zu können, mußte man beim Phoropter-Sehtest gut abgeschnitten haben.)

Ich war eigentlich schon nicht mehr aufnahmefähig, in meinem Kopf drehte sich alles, aber es gab immer noch ein weiteres Faltblatt, das «Feier-Schnäppchen», «unschlagbare Preisvorteile», «Sensations-Angebote» und «Sonderkonditionen» versprach, damit man «radikal weitersparen» konnte. Aber es waren nicht nur Möbel und Wohnaccessoires, die auf mich warteten, sondern auch Produkte aus einer Fernsehshow, von der ich noch nie gehört hatte: «Die Höhle der Löwen». «Gestern im TV, heute schon bei Möbel Kraft» hieß es über ein Zahnfleischpflege-Gel, «Waschies», ein Waschpad zur Babypflege («Sensationell: Nur mit Wasser!»), eine neuartige Hundeleine («einhändiges Anleinen dank innovativem Magnet-Klick-System») und, zum «Löwenpreis» von 5,99 Euro, ein «von Schlafforschern entwickeltes» Nahrungsergänzungsmittel «smartsleep®», das «optimierte Erholung» versprach, «bessere Regeneration für mehr Leistung!». Ich dachte erst, es handle sich bei der silbernen Röhre um ein Spray für das Schlafzimmer, aber meine Recherchen ergaben, daß es eine Kombination von Trinkampullen und Kautabletten war. Studien der Sporthochschule Köln hätten im Jahr 2004 «den Zusammenhang zwischen Sport und Schlaf» gezeigt. «In zehnjähriger Forschungsarbeit» habe man daraufhin smartsleep® entwickelt, das unter anderem «hochwertiges Creatin», Mineralstoffe und Vitamine enthielt. Noch dazu war es «100% vegan, gluten- und laktosefrei». Leider hatte ich Angst, daß der Schwindel um meine Treue zu Möbel Kraft auffliegen könnte, sonst hätte ich mir gerne ein paar Ampullen dieses Wundermittels gesichert, um mich optimiert zu erholen («Schlaf dich fit»). Bis ich mir die Angebote von Möbel Kraft wirklich verdient hätte, mußte ich mit Ohrstöpseln und Schlafbrille vorliebnehmen.

Diese Wohnung ist zu klein für uns beide

Meine Freundin weigerte sich lange, mit mir zusammenzuziehen, weil ich so viele Sachen besaß, und sie fürchtete, in unserer gemeinsamen Wohnung keinen Platz mehr für sich zu haben. Ich fand meine Sachen allerdings viel interessanter als «Platz». Da sie nicht mit mir zusammenziehen wollte, konnte ich immer behaupten, mit ihr zusammenziehen zu wollen, ich mußte nur sehr genau auf jede ihrer Äußerungen achten; falls sich ein Stimmungsumschwung bemerkbar machte, dann mußte ich rechtzeitig zurückrudern. Aber das war eigentlich unwahrscheinlich, ich hatte meine Wohnung so eingerichtet, daß kaum jemand auf die Idee kommen würde, sie mit seiner zu fusionieren, schon Besucher waren äußerst selten, da es gar keine Sitzgelegenheit gab, die ich ihnen anbieten konnte, bis auf einen wackligen Hocker und einen original DDR-Kindergartenstuhl. Gegen Besucher, die noch nicht zur Schule gingen, hatte ich nichts, für sie hielt ich zahlreiche Attraktionen bereit, zum Beispiel eine Tomate, die wie Elmo lachte und dabei wackelte, einen Yoda, der mit der Hand eine Scheibe zum Schweben bringen konnte, «Der heiße Draht», ein Geschicklichkeitsspiel in Form einer Hand, um die man eine Metallschlinge führen mußte (wenn man den Draht berührte, machte er interessant-außerirdische Geräusche), eine DDR-Armbrust mit Zielscheibe in Form eines Adlers, ein Blasrohr, unbenutzte Knallplätzchen, eine echte Orgelpfeife, ein Fläschchen mit Wasser aus dem Toten Meer, eine aufblasbare Sponge-Bob-Keule, eine elektrische Fledermaus mit leuchtenden Augen, die unter der Lampe flügelschlagend immer im Kreis flog. Ich hätte mich gefreut, wenn die Kindergartenkinder aus dem Viertel mir Besuche abgestattet hätten, um das alles zu bestaunen. Wenn es klingelte, hoffte ich immer, daß es ein sechsjähriger Junge war, der mit meinen Matchboxautos spielen wollte, den echten, die noch Made in England waren, und nicht den späteren aus Hongkong oder von sonstwo. Vielleicht interessierte ihn auch meine Sammlung von Kopfbedeckungen, ein spitzer Strohhut von der chinesischen Mauer, ein rumänischer Strohhut ohne Krempe, ein NVA-Helm mit Tarnbezug, eine bunte Mütze von den Lappen, ein durchsichtiger Regenschirm aus Hongkong, ein Papierkäppchen von der Klagemauer in Jerusalem.

Eines Tages standen zwei Männer vor der Tür, die sich als Şükrü Pehlivan und Mauro Corradino vorstellten, sie seien von Beruf «Trödelkings» und würden eine gleichnamige Sendung auf RTL II machen. Meine Freundin hätte sie aufgefordert, meine Wohnung zu entrümpeln, weil sie sonst nicht bereit sei, mit mir zusammenzuziehen. Ich war ziemlich vor den Kopf gestoßen, zum Entrümpeln mußte es ja erst mal so etwas wie Gerümpel geben.

Jochen, sagte Şükrü, es ist ganz einfach, deine Freundin sagt: Sie will diesen Kram nicht. Was ist dir wichtiger, dein Kram oder deine Freundin?

Was für Kram? Das müßte ich schon genauer wissen, was da gemeint ist. Sonst kann ich das nicht so einfach sagen.

Jochen, auf die Frage gibt es nur eine Antwort. Deine Freundin ist dir wichtiger. Wer wird dir einen Tee machen, wenn du krank bist? Wer wird auf dich warten, wenn du von einer Reise nach Hause kommst?

Ich will ja gar nicht verreisen, und ich bin so oft krank, daß meine Freundin das gar nicht mehr hören will.

Warte mal, Şükrü, sagte Mauro, der immer lächelte. Wir machen dir jetzt ein Angebot, Jochen. Wir machen einen Haufen von Sachen, und du kannst dir da drei Dinge rausnehmen, die du behalten willst. Einverstanden?

Ich fühlte mich so überrumpelt, daß ich den Mund nicht aufbekam. Mir war nicht bekannt gewesen, daß es in meiner Wohnung *irgend etwas* gab, was man guten Gewissens wegwerfen konnte. Selbst, wenn ich dazu bereit gewesen wäre, ich hatte gar nicht das Recht dazu, ich war ja nur eine Art Hüter dieser Dinge, die es viel länger geben würde als mich. Irgendjemand in der Zukunft wartete schon darauf, daß er sie bekommen würde, und wenn ich sie jetzt wegwarf, würde er umsonst warten.

Vor mir lag ein Haufen von Schätzen. Eine Opiumpfeife, die ich in Peking gekauft hatte, man konnte sie wie ein Fernrohr auseinanderziehen, und sie roch sogar noch nach Tabak. Eine Plastetasse, auf der «Mocaniṭa» stand, der Name einer nordrumänischen Schmalspurbahn, wo ich sie geklaut hatte, dazu gehörte noch ein Stück Schiene, das ich auf der Strecke gefunden hatte. Eine Sammlung von Miniaturköpfen wichtiger Politiker und Diktatoren, Bin Laden wackelte auf einer Sprungfeder, de Gaulle war aus Elfenbein und Stalin sogar ein Radiergummi. Ein DDR-Türgong, noch originalverpackt, eine Schachtel Prvi-Partizan-Patronen für eine Makarow, aus einem bulgarischen Schießclub, ein Musikinstrument, das meine Tochter aus einem Stück Holz, zwei Nägeln und vier Kronkorken im Kindergarten gebastelt hatte, nagelneue original DDR-Stoffidas, die sogenannten Essengeldturnschuhe, in Größe 21, ein Stück abgebrochene Gipsverzierung vom Bukarester Palast des Volkes.

Stop, stop, stop, sagte Şükrü, der mir von den beiden der härtere Brocken zu sein schien. Wir haben gesagt, drei Sachen darfst du *behalten*. Welcher normale Mensch hebt das alles auf? Das kriegen wir nie verkauft. Das hat höchstens noch Schrottwert, wenn wir nicht draufzahlen bei der Entsorgung. Was ist denn das hier? Lauter Steine?

Das sind bemalte Steine, die lagen in Marokko am Strand von Essaouira.

Können die nicht weg?

Nein, das war eine ganz besondere Reise, die können nicht weg.

Und der Kerzenstummel hier?

Die Kerze hat meine Tochter im Kindergarten gebastelt.

Welche Kerze? Das ist nur ein Stummel?

Ich hab sie nicht ganz abbrennen wollen.

Und die leere Flasche auf dem Fensterbrett?

Sieht man das nicht? Die hat die Form des Fernsehturms. Das ist meine Fernsehturmsammlung.

Wieso Sammlung? Wo sind denn die anderen?

Na, bis jetzt hab ich erst einen, aber ich sammle trotzdem schon.

Ist hier noch ein Zimmer, hinter der Tür?

Nein, das ist die Abstellkammer. Da sind die Kisten mit meinen Schulheften drin, meine alten DDR-Fahrradtaschen, eine Kiste mit alten Landkarten, die Theaterprogramme von allen Stücken, die ich gesehen habe.

Wieso hebst du denn deine Schulhefte auf?

Hebst du deine denn nicht auf?

Nein!

Seltsam.

Jochen, sagte Mauro, wir machen jetzt einen Deal, wir haben was vorbereitet und ein paar Leute angerufen. Hier stehen 100 Interessenten vor der Tür, die werden wir jetzt reinlassen, und du verkaufst denen deinen Kram. Und dann gucken wir mal, ob wir die 1000 Euro zusammenkriegen, die deine Freundin für eure neue Matratze braucht.

Ich will keine neue Matratze, meine ist aus Latex, die hat genau die richtige Härte, das hat ewig gedauert, die auszuprobieren, und es war eine der schwierigsten Entscheidungen meines Lebens, nicht ohne Risiko, es hätte auch total schiefgehen können. Ihr solltet lieber mal bei meiner Freundin ausmisten, die lehnt Daunenkissen ab, weil sie vegan ist, und deshalb muß man bei ihr auf einer Art Schaumstoffkissen schlafen, die so elastisch sind, daß sie nicht nachgeben, das ist, als würde man mit einem LKW-Schlauch ringen, wenn man dort schläft.

Şükrü und Mauro sahen sich an, das hatten sie noch nie erlebt. Bisher hatten sie jeden dazu gebracht, seine Identität aufzugeben, den Treibsand seines Lebens und damit seine Seele zu verkaufen, aber bei mir bissen sie auf Granit.

Jochen, sagte Şükrü, ich hab das Gefühl, du willst gar nicht mit deiner Freundin zusammenziehen.

Nein, sie will nicht mit mir zusammenziehen.

Mit dir schon, aber nicht mit deinem Kram.

Dabei schwenkte er eine rechteckige Dose.

Das ist original NVA-Kekskomprimat vom VEB Wikana, Süß- und Dauerbackwaren Wittenberg*, die eiserne Ration,

* Siehe: «Wenn man kein Hungertuch hat»

das ist total lustig, der war noch haltbar bis Ende 1990, genau wie die DDR. Ich kann mir nicht vorstellen, daß das außer mir noch wer aufgehoben hat.

Ich auch nicht.

Ihr versteht einfach nicht, worum es geht. Die einzelnen Dinge mögen vielleicht als «Kram» bezeichnet werden können, aber es handelt sich um eine Komposition, jeder Gegenstand verweist auf andere Gegenstände, man kann hier nichts raus- reißen, ohne das Gefüge zu gefährden. Aus auf den ersten Blick vielleicht wertlosen Dingen ergibt sich eine Wunderkammer, im Grunde müßtet ihr Eintritt bezahlen. Meine Freundin darf natürlich umsonst rein, aber sie kommt ja gar nicht, weil sie sich nicht für interessante Dinge interessiert.

Jochen, sagte Mauro, den ich jetzt zum ersten Mal nicht lächeln sah. Deine Freundin wird dich verlassen, wenn du das hier nicht wegwirfst.

Ich weiß. Das ist schrecklich. Aber ich habe zum Glück immer die Einkaufszettel aufgehoben, die sie mir geschrieben hat, die kann ich mir dann durchlesen, wenn ich Sehnsucht nach ihr habe.

Bommelmütze

Es gibt unsympathische Kleidungsstücke, wie den Trenchcoat, den vor allem Agenten tragen, um nicht erkannt zu werden, ein ledernes Waffenholster, eher etwas für Angeber, und natürlich die spitze schwarze Kappe aus dem Henkerbedarf. Springerstiefel sind mir unsympathisch, aber auch Lederhosen und Joppen, außer wenn sie von Bayern getragen werden, die zweimal jährlich höchstpersönlich mit einer Sense das Gras auf einer nur zu Fuß zu erreichenden Alm mähen. Manchem ist vielleicht auch unsympathisch, was *ich* anziehe, obwohl es bei meiner Kleidung überhaupt keine Erklärung dafür gibt, warum ich sie trage, sie lag eben morgens im entscheidenden Moment oben auf dem Haufen. Einigkeit dürfte aber darüber herrschen, was das *sympathischste* Kleidungsstück ist, nämlich die Bommelmütze. Und das liegt nicht unwesentlich an der Bommel. Mörder tragen keine Bommelmützen, auch Diktatoren würden nie Bommelmützen tragen, sie würden zu starke Selbstzweifel bekommen. Soldaten mit Bommelmützen? Undenkbar! Gut, die französische Marine hatte früher Bommeln, aber Matrosen sind ja keine richtig bösen Soldaten, das sind eher naturverbundene Weltenbummler, die für alle Eventualitäten mit Waffen ausgerüstet sind. Und in der britischen Armee hatten schottische Einheiten Bommeln, sicher, um sich von den imperialistischen Engländern abzugrenzen und zu signalisieren, daß sie lieber gar nicht in den Krieg ziehen würden. Die Bommel war ein Augenzwinkern, mit dem sie den Feind dazu einladen wollten, das Gemetzel doch lieber sein zu lassen. Selbst

Bommel, der Wüstenfuchs, gilt ja vielen heute noch als nicht ganz so schlimmer Nazi. Die Bommel ist ein friedliches Accessoire, das längst den Friedensnobelpreis verdient hätte, weil es so lieb ist. Beim liebsten und friedlichsten Tier der Welt, dem Kaninchen, ist sie sogar am Po festgewachsen. Die Bommel oder *der* Bommel, wie meine Freundin sagt, die mir gerne ohne Grund widerspricht. Rätselhaft ist, daß niemand weiß, wozu die Bommel eigentlich dient? Damit man im Dunkeln nicht an die Decke stößt? Damit man seine Mütze nicht verbommelt? Damit Omas was zu tun haben? Ich frage mich, wann Frauen in ihrem Leben eigentlich die Kunst des Bommelstrickens erlernen. Ich habe bei den Frauen, die mir zeitweise zugeteilt waren, noch nie etwas davon mitbekommen. Irgendwann *müssen* sie es aber lernen, denn irgendwann sind sie Omas und können es. Gab es zuerst die Bommel oder die Mütze? Wer ist auf die geniale Idee gekommen, beide zu kombinieren? Eine ähnlich geniale Idee wie Erdbeerkuchen mit Schlagsahne. War es ein Franzose, und es heißt eigentlich Bom*mel*? Jedenfalls kann man sich die Bommel ohne Mütze heute kaum noch vorstellen. In einem bestimmten Alter, nämlich genau, wenn wir von unschuldigen Engeln zu widerspenstigen Teenagern werden, geht man auf Distanz zu seinen Bommeln. Man würde sich im Winter lieber eine Badekappe aufsetzen, als mit Bommelmütze gesehen zu werden. Guckt mal, bei dem bammelt 'ne Bommel! Der letzte, der noch eine Bommel trägt, ist der Bommelletzte und wird eingeseift. Als Kleidungsstück hat die Bommel ausgedient, wie Sandalen und Kniestrümpfe. Sollten unsere Omas mit ihren Bommeln doch ihren Sarg ausstopfen!

Man konnte die Mütze auch umkrempeln und die Bommel heimlich weitertragen.

Man konnte seine Bommel tarnen, indem man noch mehr Bommeln annähte.

Man konnte behaupten, daß Bommeln im Westen total modern waren.

Nein, die Bommel mußte ab! Helden trugen keine Bommeln.

Dabei war jede Bommel die Träne einer Großmutter. (Früher konnten Frauen ihre Gefühle ja nur strickend zeigen.)

Manchmal, wenn ich zu Hause sitze und in meine Bommel weine, dann vermisse ich diese seltsamen Frauen, die angeblich die Mütter meiner Eltern waren.

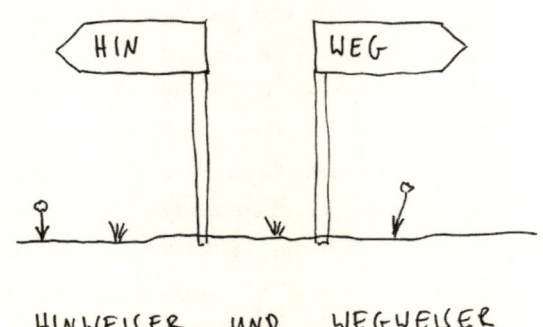

HINWEISER UND WEGWEISER

Grüne Bananen

Seit ich eine Zeitlang Mitglied in einem Fitnessstudio war, erkenne ich manchmal auf der Straße Leute wieder, die dort in der Masochistenecke mit den freien Hanteln trainiert haben, sie schleppen ihre Sporttasche immer noch mehrmals die Woche an diesen Ort, in ihrer Alltagskleidung sehen sie allerdings ganz unscheinbar aus. Man muß sich nicht mehr viele Gedanken um seine Freizeit machen, wenn man drei- bis viermal die Woche «pumpt», frisch geduscht und angenehm sediert kehrt man nach Hause zurück und hat das Gefühl, wenigstens heute nicht gealtert zu sein (außer im Gesicht). Am nächsten Tag geht es allerdings leider oft schon wieder von vorne los. Ich wäre vielleicht weiter hingegangen, wenn das Fernsehprogramm auf den zehn Bildschirmen nicht so unerträglich gewesen wäre, vor allem vormittags. Leider war es nicht möglich, das Personal dazu zu bewegen, wenigstens auf einem Bildschirm Phoenix oder 3sat oder auch nur Kika laufen zu lassen, man mußte sich beim Laufen auf dem Band mit den gescripteten Reality-Formaten der Privatsender zufriedengeben («Kaufen, mieten, wohnen»!) oder auf ARD das Morgenmagazin mit der Fleckensprechstunde sehen. Ich zahle ja GEZ-Gebühren, damit mir die Leute, die das gucken wollen, in der Zeit nicht auf der Straße begegnen, aber im Studio funktionierte das nicht. Ich halte mich jetzt lieber fit, indem ich mich zum Schuhebinden bücke, statt wie lange Zeit die Schuhe unaufgebunden von den Füßen zu streifen. Das ist billiger und schont das Schuhwerk. Man kann auch beim Zähneputzen auf einem Bein stehen, das trainiert die Koordination. Wichtig ist auf jeden Fall die richtige Ernährung, wenn man Salat ißt, verbraucht man durchs anstrengende Kauen mehr Energie, als man aufgenommen hat. Mit meiner Freundin unterhalte ich mich oft über Dinge, die wir nicht essen. Wir wünschen uns vor jeder Mahlzeit «schlechten Appetit». Als ich neulich mit ihr im Taxi saß, merkte der Taxifahrer auf, als es um Weizenmehl ging, das Thema interessierte ihn. Der Herr, der vielleicht sechzig Jahre alt war, erklärte uns, daß er bei der Arbeit täglich nur einen Eiweißriegel esse, aber «einen richtigen», aus dem Sportgeschäft (wo die Schaufenster immer mit diesen Eiweißpulvertönnchen im Waschmittelformat vollstehen, deren balkengroße, kursive, motorölartige Schriftzüge schon beim Lesen aufputschen). Zweimal im Monat gehe er aber mit seiner Frau «zum Thailänder», das genieße er dann auch. Oder mal eine Banane, aber nur grüne, die hätten weniger Fruchtzucker, sonst «schießt das ins Blut rein», der Pegel gehe schnell hoch, aber genauso schnell wieder runter, da komme das Hungergefühl gleich wieder. Deshalb immer nur grüne Bananen. Ernährungsbewußte, sportlich ambitionierte Amateure häufen ungeheuer viel Wissen und Erfahrung an und lassen andere gern daran teilhaben. Es ist wie mit dem Kinderthema, man könnte ewig darüber fachsimpeln. Er empfahl uns das Buch «Die 20er Kniebeuge». Die Methode sei ganz einfach: Wie man sonst zehn Kniebeugen mache, solle man einfach zwanzig machen. Und das Hantelgewicht jedesmal geringstmöglich erhöhen. Da teile sich irgendwann der Oberschenkel so schön, wo man sonst ja eher so eine Art Baumstamm habe, da komme die Definition. (Man möchte nämlich «definiert» aussehen.) Und Almaset aus der Apotheke, das wirke wirklich. In zwei Wochen habe seine Frau damit vierzehn Kilogramm abgenommen, und die seien nicht wieder drauf. Das enthalte nämlich Enzyme und Honig (und noch etwas Appetithemmendes, was ich vergessen habe). Der Honig sei für die Schilddrüse, die rege die Verbrennung an. Und immer Intervalltraining, das brenne noch zwei Stunden danach, sofern man nach dem Training nichts esse, das sei ganz wichtig, rein gar nichts. Er sei früher Judoka gewesen, aber dabei verletze man sich zu leicht, jetzt gehe er viermal die Woche ins Studio, seine Frau dreimal. Als er «zwei Autos laufen» hatte, ist er hin zum Studio: Hier, ich will kein Geld, nur 'ne Jahreskarte, wenn ich meine Wagen mit eurer Werbung bedrucke, das hätten die gemacht. Viermal die Woche, danach ein Gang Sauna. Und für die anderen Tage, zu Hause, da habe er sich ein Sportzimmer eingerichtet. Eine Liegebank hat er von einem Studio übernommen, das pleite gegangen ist, da staune man, was man damit machen könne, wie variabel man die verstellen könne. Mit der Kurzhantel, die nehme er lieber, weil man da gleichzeitig stabilisieren müsse. Wenn man da dreißig Kilogramm nehme, die lege man auf die Oberschenkel, dann nach hinten kippen, da komme die von selber hoch und beim Ablegen genauso. Das sei besser als am Butterfly-Gerät, das möge er nämlich nicht (mein Lieblingsgerät!). Oben, über den Kopf, das sei eigentlich eine Stretchingübung, aber wenn man da etwas mehr Gewicht nehme, ziehe das in die Bauchmuskeln rein. Seine Handgelenke seien natürlich kaputt vom Training, das müsse man hinnehmen, da brauche er Manschetten, nicht die aus Leder, die saugten sich nur voll Schweiß, nein, Neopren, das müßten auch nicht die teuren für dreißig Euro sein. Die hielten dann ein Jahr. Durchs Training sei man nie krank, oder wenn, dann gehe es schneller vorbei (ich hatte immer den Verdacht gehabt, mich gerade im Studio anzustecken, wo alles von fremdem Schweiß klebte). Die Waden seien bei vielen ein Problem, die seien Wachstumsverweigerer. Den Körpertyp nenne man «tasmanischer Teufel», da gebe es so eine Karikatur: ein Teufel mit so dünnen Beinen. Aber er kenne einen einfachen Trick: immer mit kurzen Hosen ins Studio und an den Waden arbeiten, bis die wachsen. Männer würden dabei fast mehr in den Spiegel gucken als Frauen. Aber Spiegel müßten sein, um die Haltung zu korrigieren. Er mache Splittingtraining, den einen Tag Beine, den anderen Schultern, Brust könne man auch viel machen. Immer die großen Muskelgruppen zuerst trainieren, die regten dann die kleineren an. Eine Stunde vorher einen Eiweißdrink mit ein paar Löffeln Kölln-Flocken.

Leider waren wir viel zu schnell am Bahnhof, ich hätte gerne noch länger zugehört, vielleicht würde er mich ja mal seinen Bizeps fühlen lassen? Wir nahmen nicht die Rolltreppe, sondern gingen zu Fuß, voller Verachtung für die verweichlichten Reisenden, die zu faul für die paar Stufen waren, dabei war das das beste Cardiotraining, und gleichzeitig bekam man definierte Oberschenkel. Am Obststand suchte ich mir grüne Bananen raus, damit der Fruchtzucker nicht ins Blut schoß. Es schmeckte zwar nicht, machte dafür aber auch nicht satt. Daneben gab es einen Ditsch-Stand. Nie haben verkohlte Schinkenwürfel auf kalt gewordenem Billigkäse besser gerochen. Ich band mir erst mal die Schuhe zu.

Union von Oben

«BFC oder Union?», lautete in meiner Kindheit die gefürchtete Frage, wenn man in die Hände von «Jugendlichen» geriet, also jungen Kerlen, auf deren zerfransten Jeanswesten in altmodischer Schrift «Judas Priest», «Kreator» oder «Nazareth» geschrieben stand, seltsam aus der Zeit gefallenes, biblisches Vokabular. «BFC oder Union?», man wußte nicht, was man darauf antworten sollte, äußerlich unterschieden sich die Anhänger der beiden Clubs ja nicht, die Farben waren auch ganz ähnlich, und von wem man eine gescheuert bekam, war eigentlich egal. Aber es war klar, daß ich mich irgendwann wohl oder übel entscheiden mußte, wenn ich kein Exzentriker sein und einen Verein unterstützen wollte, der gar nicht in Berlin spielte. Von der Mutter übernimmt man als Mann die Waschmittelmarke (bei mir Ariel) und vom Vater den Verein. Mein Vater war aber für den FC Lokomotive Frankfurt (Oder), der seine Heimatstadt repräsentiert hatte, bevor 1971 der Armeesportclub Vorwärts Berlin dorthin delegiert worden war und als Vorwärts Frankfurt (Oder) weitermachte. Ich konnte unmöglich für einen Verein sein, den keiner meiner Freunde kannte. Der Zufall wollte es, daß unser Nachbar von unten, Brigadier auf dem Bau, mich mit acht Jahren zum BFC Dynamo mitnahm, in den Rentnerblock, wie die VIP-Tribüne damals noch hieß, und da «wir» 8:1 gegen Stahl Riesa gewannen, war ich seitdem natürlich BFC-Fan, zumal mein Bruder eher zu Union hielt. Wobei er vielleicht nur für Union war, weil ich für BFC war, man kann bei Kindern hinterher immer schwer rekonstruieren, wer angefangen hat. Mich irritierte an Union der eigentümliche Vereinsname («die Scheiße der Nation» reimten die BFC-Fans lautstark beim Warten auf die S-Bahn). Aus den Westnachrichten kannte ich «die» Union, das war eine Partei, eine, die eher Politik für die Reichen machte, wenn ich das richtig verstand. Wieso hieß Union bei denen «die» Union? Und gab es auch einen 2. FC Union? Wenn nicht, warum wurde dann überhaupt gezählt?

Silvester, wenn wir gegen Mitternacht mit unseren selbstgebastelten Knallern und Stinkbomben in die Dunkelheit aufbrachen, um sie in Hausbriefkästen und herumstehende Rohrsegmente aus Beton zu werfen, hatten wir auch immer eine Duosan-Rapid-Tube dabei. Mit diesem betörend nach Aceton riechenden Universalklebstoff ließ sich gut an Plattenbauwände schreiben und die Schrift anzünden. Bei uns im Eingang stand deshalb jahrelang «BFC D» und «Union» in die Wand gebrannt. Nach der fünften bis achten Meisterschaft in Folge habe ich allerdings das Interesse am BFC und am Ligafußball überhaupt verloren, vielleicht lag es auch daran, daß Mädchen zwischenzeitlich mehr zu bieten hatten. Später besetzte ich meine erste eigene Wohnung im Prenzlauer Berg, Schönhauser Allee, Hinterhof, kein Grashalm, nur Asphalt und das eingetrocknete Rinnsal einer Ölschmiere, weil hier mal jemand seinen Motor gewaschen hatte und das Zeug Richtung Gully gesickert war. An der Brandmauer des Nachbarhauses, die damals noch niemand begrünt hatte, stand in drei Metern Höhe mit Kreide geschrieben:

BFC D WIRD MEISTER

UNION VER

Den Spuren nach hatte es dort einmal eine Remise gegeben,

auf deren Dach vor vielen Jahren Kinder gestiegen waren, aber sie hatten es aus irgendwelchen Gründen nicht geschafft, ihre Botschaft zu Ende zu formulieren, ich nehme an, es wäre auf «Union verliert» hinausgelaufen. Bis 1999 hat die Schrift dort überdauert, man hätte sie bei der Renovierung der Fassade eigentlich mit Plexiglas abdecken sollen, wie die kyrillischen Buchstaben an den Backsteinwänden vom Bezirksamt Fröbelstraße, wo nach dem Krieg eine Zeitlang die russische Kommandantur saß. Das ist aber nicht geschehen, die Schrift ist verschwunden, wie so vieles, was den Bezirk einmal ausgemacht hat.

Inzwischen darf sich Union als Sieger der Geschichte fühlen, und im Stadion gibt es sogar eine VIP-Tribüne, auf der man von ganz oben das Spiel verfolgen kann. Beim BFC saß da immer Erich Mielke, bei Union heute ich. Auf dem Weg zum Stadion geht es an Schrebergärten vorbei, unter einer S-Bahn-brücke durch, eine Imbißbude wirbt mit «Eiserne Heimwurst – Eberswalde». Das Vereinsheim hat noch eine VT-Falte («vor-gefertigter, trapezförmiger Faltwerkträger», Ende der sechziger Jahre im Dresdener Institut für Stahlbeton entwickelt). Wenn man sich verlaufen hat und so ein Dach entdeckt, weiß man, daß man wieder im Osten ist. Ich lese mir die T-Shirts der Fans durch:

DU, WAS BEDEUTET ‹ANGST›? KEINE AHNUNG, WIR SIND OSSIS

Ich habe allerdings trotzdem Angst, obwohl ich Ossi bin. Sonst hätte ich als journalistisches Experiment meinen alten BFC-Schal umgebunden, den mir die Mutter des besagten Brigadiers damals gestrickt hat. Sie arbeitete lange daran, ich gab mich einfach nicht zufrieden, bevor nicht beide Enden bis zum

Boden reichten. Bei Union haben sich viele Fans einen Brust-
beutel gestrickt, in den sie ihren Bierbecher stellen können, um
die Hände frei zu haben. An einem Seiteneingang zum Stadion
wartet eine Batterie Rollstuhlfahrer, wahrscheinlich ehemalige
Profis, die sich für den Verein ihre Knie und Fußgelenke zer-
schreddert haben. Ein weiteres T-Shirt verkündet:

ALLES AUSSER UNION IST SCHEISSE

Ich habe Fußballfans immer um ihre Fähigkeit, Komplexi-
täten zu reduzieren, beneidet. Auf meinem T-Shirt müßte stehen:

NACH MEINEM DERZEITIGEN KENNTNISSTAND IST
UNION DER BESTE VEREIN DER WELT, UND MOMEN-
TAN WÜRDE ICH DURCHAUS FÜR MÖGLICH HALTEN,
DASS ICH DIE BOTSCHAFT ‹EISERN UNION› NIEMALS
VERGESSEN WERDE, ABER MAN WEISS NATÜRLICH
NICHT, WAS DIE ZUKUNFT BRINGT, LEBEN HEISST
VERÄNDERUNG

Der Weg zur VIP-Tribüne ist weit, und niemand versteht,
wozu genau einen welches Bändchen hier berechtigt. Bratwurst gibt es aber ohne Probleme. Dann habe ich endlich einen
Sitzplatz gefunden und bewundere das volle Stadion. Eigentlich müßte man die Fans ja dafür bezahlen, daß sie diese Atmo-
sphäre herstellen. Die Werbung richtet sich hier nicht, wie in
der Bundesliga, an Fernsehzuschauer, sondern offenbar an die
Anwesenden. Es geht viel um Baustoffe, Stahl, Gerüstbau, Flie-
senkleber und Immobilien im Umland, wo man dann Ebers-
walder Würstchen grillen kann, Berliner Pilsner trinkt und
den Kurier liest. Wie immer in der Werbung wird nicht mit
Kalauern gegeizt, in diesem Fall Anspielungen auf den Fußball:

WER SPIELT IMMER VOLLES ROHR? BRAUCO ROHR-
UND UMWELTSYSTEME

DKB GIROKONTO MIT KREDITKARTE «DIE 0 MUSS
STEHEN»

Interessante Berufsbilder sieht man im Stadion. Es gibt einen
Verantwortlichen für die schwarzen Regenschirme, mit denen
die Schiris beim Gang in die Katakomben vor Wurfgeschossen
geschützt werden. Es gibt einen, der die Schiebezahlen an der
Anzeigetafel betreut. Und es gibt einen, der in einem Ritter-
Runkel-Kostüm mit den Spielern abklatscht. Es dürften aber
auch hier immer weniger Zuschauer werden, die Ritter Runkel
noch erkennen.

«Wenn wir nicht aufsteigen, ist auch gut, dann sind die ganzen Eventies wieder weg. 18 000, da ist wenigstens wieder
Platz», hatte ein Mann in der überfüllten S-Bahn gesagt. Und
daß seine Mutter beim Weihnachtssingen geweint habe, weil
die Männer so schön mitgesungen hätten. Seine Tochter
kannte die Lieder aus der Kita, die fand das toll. Sie überlegen,
wie sie ihre Kinder ans Fanleben heranführen. «So peu à peu à
peu …» Mit vier schon ins Stadion? In welchen Sektor?

KFZTEILE24.DE – SPIELE MÜSSEN LAUFEN, AUTOS
MÜSSEN FAHREN

BERLINER KURIER. JEDEN TAG HEIMVORTEIL. ECHT
SPORTLICH. ECHT VON HIER.

Im Fanblock der Gastmannschaft aus Kaiserslautern steht
auf einem Banner: «NUR DER FCK», und man liest, weil man
diese Botschaften ohne Vokale jetzt überall auf Aufklebern
sieht, unweigerlich: «NUR DER FUCK»?

Beim Training unserer Autorenmannschaft habe ich immer
das Gefühl, daß es ein Wettlauf mit der Zeit ist. Wir werden

zwar besser, aber noch schneller werden wir älter. Der Schnitt-punkt beider Tendenzen wird wahrscheinlich nur eine Woche dauern. Anfangs hatten wir noch Ambitionen. Ich erinnere mich, wie wir ein komplettes Training ohne Ball absolviert haben, weil unser Trainer uns Intellektuellen zeigen wollte, wo der Hammer hängt. Keiner hat aufgemuckt, zwanzig erwach-sene Männer machten Liegestütze und Hopserlauf. Dabei wol-len wir nur spielen, unsere Wochen-, ja, unsere Lebensplanung ist längst auf diesen Trainingstermin ausgerichtet. Wir sind doch nur Autoren geworden, weil es zum Profi nicht gereicht hat. Das Profileben stelle ich mir immer noch viel angenehmer vor. Jeden Tag 1½ Stunden Training, und alles andere regeln die Berater, während man in Adiletten durch den Tag schlurft. Allerdings erschließe ich mir das wenige, was ich vom Profitrai-ning weiß (das angeblich irgendwann zwischen zwei Spieltagen stattfindet), daraus, was die Auswechselspieler in der Halbzeit auf dem Rasen treiben. Sie jonglieren locker mit dem Ball (in meiner Kindheit konnten das nur Brasilianer), die meiste Zeit flachsen sie und albern herum. Dann schießen sie der Reihe nach aufs Tor, meistens weit darüber, und keiner muß, wie bei uns in Berlin-Mitte, bei den reichen Eigentumswohnungsbesit-zern klingeln, auf deren Terrassen der Ball immer landet. Außer-dem hat jeder einen eigenen Ball, so gibt es keinen Streit. Meine Freundin will nicht, daß unser Sohn zum Fußballtraining geht, weil er dort dieses männliche Konkurrenzdenken antrainiert bekommen würde. Ich muß mit ihm «Obstgarten» spielen, wo alle Teilnehmer versuchen, gemeinsam gegen den Raben zu ge-winnen.

Der Bewegungsablauf von Profis ist darauf abgestimmt, keine Energie zu verschwenden, das haben sie mit alten Männern gemein. Wenn gerade nicht gesprintet wird, pro Spiel vielleicht zehnmal, wird lässig getrabt. Ich glaube, ein Profi spart die meiste Zeit des Tages Kräfte, wie ein Gepard, der ja sogar nur einmal am Tag sprinten kann und danach sein Herz schonen muß. Allerdings stirbt ein Gepard auch, wenn er es nicht schafft, wenigstens beim zweiten oder dritten Versuch eine Antilope zu erwischen. Das ist bei Stürmern nicht ganz so dramatisch.

Das Vorspiel beginnt: «Es war in den Goldenen Zwanzigern, so erzählt die Legende ... Schlachtruf ... Donnerhall ... das Blut in den Adern zum Sieden brachte ... Durchhaltewillen ... Schlosserjungen aus Oberschöneweide ... ins Unermeßliche ... Legende ... Mythos ... Eisern Union.» Jetzt kommen ein paar Takte Rammstein herangebrettert, dann singt Nina Hagen den wahrscheinlich besten Stadionsong, den es gibt («Hart sind die Zeiten ...»). Ich muß zugeben, daß mich dieser Identitätsgottesdienst anspricht. Könnte es eine sympathische, nicht-provinzielle und auch für Nicht-Ostler anschlußfähige Ost-Identität geben? Rammstein, Volksbühne, Union?

Nach dem Anpfiff versuche ich, mir ein Bild vom Geschehen auf dem Rasen zu machen, zum Glück bin ich nicht der Trainer und müßte durch meine Körpersprache vermitteln, daß ich einen Plan habe. Man erkennt so wenig, es passiert so viel gleichzeitig. Ich denke, bei Auswechslungen machen sie es in Wirklichkeit wie die Pausenaufsicht auf dem Schulhof und greifen sich einfach wahllos zwei angeblich Schuldige aus dem Pulk heraus. Wenigstens die Zuschauer wissen es besser. Immer, wenn der Schiri gegen Union pfeift, wird von den Rängen lautstark die Einwechslung von «Schieber» gefordert, aber wo spielt der inzwischen?

STADTUNDLAND.DE IHR HATTRICK FÜR BERLIN:
VERMIETEN, BAUEN, SANIEREN

Ich beobachte den Trainer, dieser Herr in den besten Jahren soll genauso alt sein wie ich? Wo ich mir immer einbilde, ich könnte mich noch unbemerkt in eine Abiturklasse schmuggeln. Inzwischen sind manche Trainer ja schon *jünger* als ich, das war früher undenkbar. Manchmal wendet der Trainer sich seinem Assistenten zu, um etwas zu besprechen. Mein Sohn würde dann nicht weiterspielen, erst wenn ich wieder hingucke.

WER LÄSST BALL UND GEGNER LAUFEN? EISERN UNION. WO KANN MAN FAIR MIETEN STATT TEUER KAUFEN? BERLINOVO

KFZTEILE24.DE DIE GRÖSSTE ERSATZBANK FÜR AUTOTEILE

Plötzlich fällt mir ein, wann ich schon einmal in diesem Stadion war, nicht auf den Rängen, sondern unten auf dem Rasen, der damals wahrscheinlich noch aussah wie nach der Frühkartoffelernte. 1987 war ich weniger am Fußball interessiert, sondern an Punk und Revolution, und der richtige Ort dafür war die Junge Gemeinde, wo man Gleichgesinnte traf. Im Jahr des Berlin-Jubiläums hatte die Kirche dem Staat abgetrotzt, einen gemeinsamen Kirchentag in Ost- und Westberlin veranstalten zu dürfen. Es hatte sich wie immer keiner getraut, etwas zu entscheiden, am Ende mußte Honecker persönlich unterschreiben. Im Gegenzug sollte aber die Oppositionsarbeit in der Kirche eingedämmt werden, also Bluesmessen und Friedenswerkstatt, alles, was an Kirche Spaß machte.

Während des Kirchentagswochenendes war ich in der Stadt unterwegs, von Kirche zu Kirche, mit einem Jutebeutel, der mit dem Kirchentagslogo, einem Motiv aus Kreuzen, bedruckt war. Wenn wir unentschlossen vor irgendeiner Kirche standen, wurden wir von Helfern angesprochen, die uns in Kontakt mit anderen Schüchternen bringen wollten. Wir sollten doch mal miteinander reden, vielleicht über das Motto des Kirchentags «... und ich will bei Euch wohnen»? Noch im darauffolgenden Sommer in Prag wurde ich auf der Karlsbrücke wegen meines Jutebeutels von dort campierenden und Gitarre spielenden DDR-Trampern angesprochen: «Ihr seid doch vom Kirchentag? Kommt doch rüber zu uns.» Wenn ich denke, wie seltsam verstrahlt mir heutige Kirchentagspilger in der Stadt vorkommen, das kann man keinem erklären, was für einen Stellenwert das damals hatte. Die Abschlußveranstaltung des Kirchentags durfte im Stadion an der Alten Försterei stattfinden, man konnte es kaum glauben. In den Fünfzigern war man für die Mitgliedschaft in der Jungen Gemeinde noch vom Gymnasium geflogen. Bis ich im Stadion eintraf, rechnete ich auch damit, daß alles nur ein Gerücht war. Doch dort stand auf der elektronischen Anzeigetafel:

EV. KIRCHENTAG 1987

Ein Skandal war allerdings, daß auf dieser Veranstaltung im Stadion von Union, wo man alle traf, die man auch sonst immer bei Punkkonzerten oder Stadtjugendsonntagen traf, Katja Ebstein singen sollte. Was hatten Schlager von gestern mit Punk, Kriegsdienstverweigerung und Revolution zu tun, den Dingen, um die es für gewöhnlich bei Kirchenveranstaltungen für Jugendliche ging? Das sahen auch andere so. Durch die auf dem Rasen Sitzenden bewegte sich nämlich plötzlich eine Girlande von Mädchen mit Latzhosen, jungen Langhaarigen und älteren Bartträgern mit Nickelbrille, hartgesottenem Kirchenvolk, die zwischen sich Laken hochhielten, auf denen seltsame Forderungen standen:

GLASNOST IN STAAT & KIRCHE

FÜR EINEN ZIVILEN ERSATZDIENST

WIR FORDERN SOZIALEN FRIEDENSDIENST

WIR FORDERN EIN HAUS FÜR DIE OFFENE ARBEIT

THEOLOGIE DER BEFREIUNG AUCH FÜR UNS

Und offenbar als Anspielung auf den Hauptact:

«WUNDER GIBT ES IMMER WIEDER» – KIRCHE VON UNTEN

Erst später wurde mir erklärt, was hier vor sich gegangen war. Kirchlichen Oppositionsgruppen war die Politik der Kirchenleitung nicht recht gewesen, sie hielten nichts von Kompromissen mit dem Staat und nutzten die Gelegenheit für ihren Protest. Aus dieser Bewegung ging dann die «KvU – Kirche von Unten» hervor. Man wollte sich lieber in der zweiten Liga treu bleiben, als in der Oberliga seine Seele zu verkaufen.

Und darum geht es ja auch heute bei Union, wie immer bei Vereinen, die Erfolg haben, populärer werden und wachsen. Wann verliert man seine Identität? Oder ist Identität in Wirklichkeit Beschränktheit? Kommen die Zuschauer, weil sie sich im Stadion zu Hause fühlen, oder wollen sie gewinnen und aufsteigen? Auch wenn man seinen Verein dann nicht mehr wiedererkennt? Ist es das wert, eine Saison lang auf dem letzten Platz zu stehen, wenn man dafür einmal im Leben den Bayern entgegenschreien kann: «Wir sind eure Hauptstadt, ihr Bauern»?

Zumindest heute gewinnt Union, für eine Woche sind wir fast schon in der Champions League. Auf dem Heimweg wird gemeinsam in den Wald gepinkelt. Flaschensammler mit riesigen chinesischen Tragetaschen machen sich ans Werk, viele geben ihre Bierflasche persönlich bei ihnen ab, man ist eine große Familie. Noch tagelang habe ich diesen Ohrwurm im Ohr: «Wir lieben *Un*ion ja-woll, wir lieben *Un*ion, ja-woll, wir lieben *Un*ion, ja-woll, *Uuun*ionfindnwa*toll*». Als schon mein kleiner Sohn mit einstimmt, verbietet mir meine Freundin, das Lied weiter zu singen. Ihre Entscheidung, dann singen wir eben wieder den Ententanz.

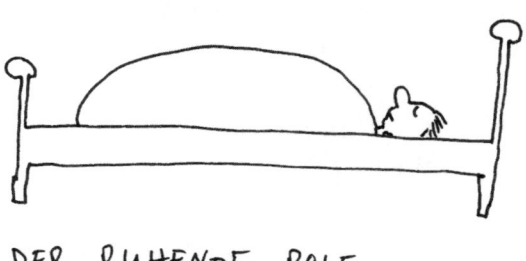

DER RUHENDE POLE

Was Bestimmtes machen

Eben ist es mir wieder passiert, jeder kennt das, ich hatte mich darauf gefreut, etwas Bestimmtes zu machen, aber dann war ich kurz abgelenkt worden und habe vergessen, was es war. Manchmal hat man plötzlich eine Idee, und es geht ein Ruck durch den Körper, ein seelisches Aufjauchzen, weil man sich so darauf freut, zum Beispiel, wenn man den Sportteil der Zeitung aufschlägt, den darf einem dann keiner wegnehmen, das wäre eine sehr unangenehme Empfindung. Oder man bekommt Lust, sich etwas zu kaufen, eine neue elektrische Zahnbürste, oder eine Oberfräse von Bosch, aber eine blaue aus der Profi-Kollektion, das macht dann richtig Spaß, aus dem Haus zu gehen, ganz anders, als wenn man nur aus dem Haus geht, weil man schon so lange drin war. Und ich habe jetzt total große Lust auf etwas, der Beweis dafür ist dieses wohlige Gefühl der Vorfreude, das ich immer noch ganz deutlich in mir spüre, aber ich weiß eben nicht mehr, worauf es sich bezieht, und mit Nachdenken komme ich nicht darauf. Das Gefühl glimmt wie ein schwaches Kerzenflämmchen oder wie ein Streichholz, mit dem man zu Silvester eine Rakete anzünden will und das noch nicht stark genug brennt, so daß man es senkrecht hält und die Flamme auf dem Holz balanciert, weil sie von jedem Lufthauch ausgeblasen werden könnte, es steht auf der Kippe, ob das Streichholz richtig brennen wird oder nicht. Ich spüre diese Lust auf etwas Bestimmtes in mir, aber das Gefühl wird immer schwächer, ich darf mich nicht bewegen und auch an nichts anderes denken. Aber, indem ich mich so darauf konzentriere, wird es sogar noch schwächer, das war also ganz falsch, ich darf es nicht aus den Augen lassen, ihm aber auch nicht zu nahe kommen. Es ist so schade, es war eine Eingebung aus dem Nichts, ich glaube, es hat sogar vor Gier auf die interessante Sache, die ich machen wollte, in meinem Mund ein Speichelfluß eingesetzt. Ich hatte Wäsche für eine Maschinenfüllung zusammengesucht, ich hatte überlegt, ob ich meine Jeans waschen soll oder ob ich sie erst noch ein paar Tage rumliegen lasse, weil sie eigentlich noch so halb sauber ist, ich hatte die Taschen geleert und das Portemonnaie rausgenommen, einen zerknüllten Geldschein hatte ich gefunden und glattgestrichen. Jetzt weiß ich es wieder! Ich hatte den Geldschein glattgestrichen und dabei Lust bekommen, mir anzusehen, was darauf zu sehen ist. Das war es! Darauf hatte ich mich so gefreut, weil ich mir unsere Geldscheine noch nie genau angesehen habe. Das hatte mich plötzlich interessiert, weil es doch lehrreich ist, was eine Gesellschaft auf ihre Geldscheine druckt. Das hat man doch bestimmt nicht dem Zufall überlassen. Komisch, auf den Euro-Geldscheinen sind gar keine berühmten Menschen zu sehen, das war mir noch nie aufgefallen. Da hätte man doch wen nehmen können, der in ganz Europa bekannt und beliebt ist. Er müßte natürlich schon tot sein, Michael Jackson zum Beispiel. Hinten sind lauter Brücken drauf, soll das etwas symbolisieren? Ob da auch eine deutsche Brücke dabei ist? Die Brücke von Arnheim vielleicht? Oder die Brücke von Remagen? «Die Brücke»? Oder die Brücke am River Kwai? Aber das ist wahrscheinlich kein deutscher Fluß. Auf dem Fünf-Euro-Schein sieht man einen griechischen Tempel, jedenfalls denke ich mir, daß es einer ist, es steht nichts daneben. Aber da es eine Ruine ist, wird es wohl griechisch sein. Das wäre ja wirklich bemerkenswert, wenn die Griechen den Euro abschaffen und wir ihre Bauwerke auf unserem Geld haben. Das wäre bestimmt teuer, die ganzen Geldscheine neu zu drucken. Mit den Griechen sollte man es sich nicht verscherzen.

GESUNDBRUMMEN

Großstadt-Feeling

Weil ich in einer Großstadt lebe, bin ich zu Fuß meistens schneller unterwegs als die anderen Passanten, denen ich begegne, denn viele von ihnen, manchmal denke ich sogar: alle, machen in meiner Stadt nur Urlaub und haben es nicht eilig, sondern sehen sich alles genau an, beziehungsweise suchen verzweifelt nach dem Weg, weshalb sie manchmal sogar plötzlich stehenbleiben und ich ihnen in die Hacken trete. Wenn ich zum Kindergarten gehe, muß ich mich durch eine Schlange von Menschen kämpfen, die vor dem schicken Eisladen anstehen, weil sie in maßgeblichen Internet-Ratgebern gelesen haben, daß es dort das beste Eis der Stadt, wenn nicht der Welt gibt. Außerdem scheint auf dieser Straßenseite immer die Sonne, und man fühlt sich, wenn man die Augen schließt, fast wie in Italien. Die Einheimischen, denen ein nicht so berühmtes, aber durchaus solides Eis genügt, ziehen den alten Eisladen gleich gegenüber vor, wo man immer recht schnell drankommt, obwohl das Eis nur halb so viel kostet. Manchmal gebe ich nach und weiche auf die Straße aus, weil die Eistouristen und ihre vielen mit Laufrädern ausgestatteten Kinder den ganzen Bürgersteig einnehmen und nur auf ihr Eis konzentriert sind, um nichts von der kostbaren Substanz auf den Boden tropfen zu lassen.

Auch wenn ich mit dem Fahrrad zur Kaufhalle fahre, um meine Pfandflaschen abzugeben, kann es vorkommen, daß ich, obwohl ich längst Grün habe, noch eine Weile an der Kreuzung warten muß, bis eine endlose Schlange Radfahrer vorbei ist, die mit «Berlin on Bike» unterwegs zu Stätten der deut-

schen Geschichte sind, viele haben lange nicht auf einem Fahrrad gesessen und bewegen sich entsprechend unsicher schlin-
gernd vorwärts. Vor meiner Kirche, in der ich seit der Wende
nur noch zu Weihnachten war, legen sie einen Zwischenstop
ein, und ihr Tour-Guide erklärt ihnen, was sich hier in den
Wendetagen abgespielt hat. Ich muß mich dann immer zusam-
menreißen, ihm nicht ins Wort zu fallen, weil mir die Ausführungen in einigen Punkten zu ungenau erscheinen, aber es
hört ja sowieso keiner zu, die meisten warten nur, daß sie sich
endlich ein Eis kaufen können. An der großen Kreuzung muß
ich, vor allem nach jedem Wochenende, auf Scherben auf dem
Radweg achten, weil die Jugendlichen, die nach Berlin kommen, weil es bei easyjet günstige Flüge gab, und die hier gerne
die Nacht zum Tag machen, vor Aufregung die eine oder andere Bierflasche fallengelassen haben. Auffällig vielen Jugendlichen begegne ich auch, wenn ich zum Tiergarten jogge, denn
am Brandenburger Tor hocken immer ganze Schulklassen,
die auf Berlin-Besuch sind, auf dem Boden, manche machen
Selfies mit dem Fernsehturm im Hintergrund, andere machen
sich über bettelnde Straßenmusiker lustig, ein paar hören auch
den Ausführungen des Lehrers zu, der ihnen erklärt, auf
welcher Seite der Mauer sie sich hier befunden hätten.

Ich muß beim Vorbeijoggen kurz die Luft anhalten, um
nicht zuviel von der Marihuanawolke einzuatmen, in der die
Schüler sitzen, die ihr Heimweh mit Joints bekämpfen. Man
trifft auch viele Spanier in Mitte, die Unter den Linden auf und
ab spazieren, weil sie sich dabei nicht verlaufen können. Da ich
etwas Spanisch spreche, bin ich manchmal kurz davor, ihnen
zu verraten, daß das hier gar nicht Berlin ist, kein normaler
Berliner würde sich hier aufhalten, höchstens, wenn er den

Berlin-Marathon mitläuft, dann befindet sich hier die Ziel-
gerade. «*No es interesante aqui! Ningun Berlinese vive aqui! Solo
Rolf Eden y Thomas Gottschalk. Barcelona es mucho mejor.*»

Ich habe festgestellt, daß ich öfter nach dem Weg gefragt
werde, wenn ich einen Kinderwagen schiebe, dadurch gewinnt
man als Fremder offenbar Vertrauen zu mir, ich kann kein
ganz schlechter Mensch sein, wenn eine Frau sich mit mir ein-
gelassen hat, und ich weiß mich vermutlich zu orientieren,
sonst wäre es mir ja zu riskant, ein Kind mitzunehmen. Hätte
ich einen Hund, wäre es noch wahrscheinlicher, daß ich hier
lebe. Leider gibt es ja keine Berufsbekleidung für Einheimi-
sche, wie für Müllfahrer oder für die Mitarbeiter des Ord-
nungsamts, die die Strafzettel für Falschparker verteilen. Soll
ich den Fragenden die Wahrheit sagen, daß ich natürlich weiß,
wie sie zur Kastanienallee kommen, daß sie dort aber gar
nichts verpassen, es sei denn, sie kommen vor zwanzig Jahren
noch mal wieder? «Fahren Sie doch lieber nach Leipzig, das ist
wie Berlin früher. Oder noch lieber nach Halle, das ist wie
Leipzig früher, als es noch nicht wie Berlin früher war. Oder
gleich nach Lemberg in der Ukraine, da gibt es noch histori-
sches Kopfsteinpflaster und wunderschöne, unrenovierte Fas-
saden.»

Außer am Kinderwagen, am Hund oder am Netz mit leeren
Pfandflaschen erkennt man uns Großstädter daran, daß wir
Dinge zu erledigen haben, manche von uns arbeiten sogar, deshalb suchen wir immer eine Lücke, um zwischen den Urlau-
bern auf der Straße durchzuhuschen, wie die Läufer zwischen
den Walkern beim Marathon, weil wir zum Jugendamt müssen,
den Kitagutschein beantragen, zu einem türkischen Späti im
Wedding, wo unser DHL-Paket gelandet ist, oder zum Amts-

gericht Mitte wegen des Rechtsstreits mit dem Vermieter. Etwas seltener gehe ich in den Botanischen Garten, zur «Grünen Woche» oder ins «Phantom der Oper». Ich war auch noch nie bei den Rolling Stones im Olympiastadion, ich war erst zweimal bei der Berlinale und nie bei der Love Parade, ich war einmal bei Hertha und zweimal bei Union, ich habe mir den verpackten Reichstag nicht angesehen und habe noch nie auf dem Tempelhofer Feld gechillt. Ich habe noch keinem amerikanischen Präsidenten zugewunken, wenn er meine Stadt besucht hat, ich habe noch nicht mal am 1. Mai Steine auf Polizisten geworfen.

All diese Möglichkeiten, die mir die Großstadt bietet, nutze ich nicht. Trotzdem lebe ich gerne in einer Stadt, die so groß ist, daß ich manchmal mit dem Fahrrad durch Gegenden komme, in denen es gerade geregnet hat, während an anderen Stellen davon gar nichts zu merken war. Ich hoffe nur, daß meine Stadt den Politikern nicht irgendwann wieder *zu* groß vorkommt, so daß sie sie teilen wie den Wurzelballen einer Staude und man hoffen muß, die vitalere Seite zu erwischen.

Weihnachtsgeschenk

Jetzt ist sie wieder da, die Weihnachtszeit, in der es Marzipan-brot, Spekulatius, Dominosteine und Lebkuchen gibt, Retro-süßigkeiten, die man sonst nie essen würde. Und die Panik wächst mit jedem Mal, daß «Last Christmas» im Radio läuft, denn es ist noch kein Geschenk für die Freundin da, das Jahr war mal wieder viel zu kurz, um sich ein Bild von ihren Wünschen zu machen. Sie hat zwar gesagt, wir wollen uns dieses Jahr nichts schenken, aber auf so etwas falle ich nicht mehr rein, denn damit meint sie lediglich, daß sie *mir* nichts schenken möchte, nicht aber, daß ich ihr nichts schenken muß. Es ist vielleicht sogar nur ihre Art, mich daran zu erinnern. Seit dem 25. Dezember des letzten Jahres grüble ich nun schon, was ihr eine Freude machen könnte. Meiner Meinung nach hat sie schon alles. Ich lasse mir meine Geschenke auch nicht gerne von den Feiertagen dik-tieren, die meisten Wünsche erfülle ich ihr einfach so, au-ßer der Reihe: den gelben Sack runterbringen, einen Ingwer-Zitrone-Tee aus der Küche holen, den Brief ans Finanzamt in den Kasten werfen, den Stecker vom Computer aus der Dose zie-hen, damit die LED nachts nicht blinkt, am Abend den Standby-Knopf vom Fernseher ausschalten, weil sie denkt, daß man das tun muß, nicht mit Straßenschuhen ins Wohnzimmer kommen, die «Spinne» (beziehungsweise den Weberknecht) aus dem Bad auf den Balkon tragen (töten darf ich ihn nicht und auch nicht aus dem Fenster werfen, weil er sich sonst angeblich die Beine bricht). Woher soll ich wissen, was sie sich sonst noch wünscht? Ich zermartere mir das Gehirn, aber die Liste bleibt dürftig:

Den Henkel vom Milchtopf festschrauben, bevor er ganz abfällt.

Beim Duschen nicht so den Boden vollspritzen.

Mich das nächste Mal bei ihrer Mutter für die Einladung bedanken, sofern sie mich wieder zu was einladen sollte.

Beim Zubereiten der Haferflocken am Morgen die Apfelstückchen so schneiden, daß sie nicht mehr aneinanderkleben, und die mit den braunen Stellen aussortieren.

Mich nicht mit Straßenhosen auf ihre Seite vom Bett setzen.

Nachts, wenn ich aufs Klo gehe, nicht so laut stapfen, aber auch nicht so leise tapsen beim Wiederkommen, daß es gruslig klingt.

Mir endlich mal merken, daß unter der Spüle der Restmüll steht und unter der Gastherme der Grüne-Punkt-Müll.

Die Frühstücksschüsseln abspülen, bevor ich sie in den Geschirrspüler tue.

Neue Spucktücher bei dm kaufen.

Es ist so ungerecht, weil es für den Freund viel schwerer ist, der Freundin etwas zu schenken, als umgekehrt. Für mich müßte sie nur in einen Werkzeugladen gehen oder in einen Modellbauladen oder in einen Outdoorladen oder in einen Scherzartikelladen und auf irgend etwas zeigen, ich würde mich mit Sicherheit darüber freuen:

Ein ferngesteuertes Modell-U-Boot mit Torpedo.

Ein Endoskop, mit dem man sich selbst ins Ohr gucken kann (gibt es in einem japanischen Gadget-Versand).

Ein Modell der Tim-und-Struppi-Mondrakete aus «Reiseziel Mond».

Eine echte ungarische Salami.

Eine durchsichtige Spardose, in der man das Geld aber nicht sieht, so daß es aussieht, als sei sie leer.

Eine elektrische Kakerlake mit zugehörigem Röhrensystem.

«Farts in the wild», ein Kinderbuch über die Furzgeräusche wilder Tiere, mit Soundbeispielen!

Ein Jahrgang der «Bravo» von 1981.

Ein Holzbollerwagen aus der DDR.

Ein Paar Socken von Burlington aus Merinowolle.

Ein Luftgewehr.

Ein automatisches Hemdenbügelgerät (teuer!), damit ich mir mal ein Hemd anschaffen kann.

Eine elektrische Fliegenklatsche.

Ein Odontometer.

Ein Lötkolbenständer.

Ein ET-Finger, der im Dunkeln leuchtet.

Eine DVD mit den schönsten Bahnstrecken der Welt.

Eine Stunde Panzerfahren in Steinhöfel (am liebsten mit Car-Crashing).

Ein Bumerang, der funktioniert.

Eine Lichtmühle.

Eine Hundepfeife.

Ein Staubsauger für Fensterscheiben.

Ein Handy-Störsender (gut für den ICE, kann man aus den USA bestellen).

Zaubertinte, Juckpulver, Lachgas, Filmblut.

Das Problem ist, daß sie mir Wünsche, die ich ihr verrate, nicht mehr erfüllen will, weil sie das unoriginell fände.

Lieber schenkt sie mir gar nichts.

Ich kann also nur verlieren.

Stör ich?

Wie müßte mein Leben aussehen, damit ich auf die Frage «Stör ich?» wenigstens einmal, ohne zu lügen, mit «Nein» antworten könnte? Alles andere wäre unhöflich, wer bin ich denn, daß ich mir einbilde, gestört zu werden? Beethoven? Ich führe ein müßiges Leben, wie die meisten Menschen, die ich kenne, da paßt ein Gespräch mit einem von ihnen eigentlich wunderbar rein. Oder meißele ich gerade am «David»? Transplantiere ich einem Kind ein Herz? «Stör ich?» «Nicht direkt», sage ich, oder «Neinnein», was natürlich heißt: «Sogar sehr!» Ich wollte mir gerade einen Kaffee aufgießen oder in eine Beruhigungsstulle beißen, oder ich war auf dem lange aufgeschobenen Gang zur Toilette, da klingelte das Telefon. Es ist eigentlich ein Kompliment, wenn die Anrufer mich für einen vielbeschäftigten Mann halten. Aber, selbst wenn ich nur auf dem Bett liege und in die Luft starre, das Klingeln stört doch. «Ach, wer ist denn das schon wieder», seufze ich dann, obwohl seit drei Tagen niemand angerufen hat und ich schon beleidigt war. Ich habe überhaupt keine Zeit, das hat sich so entwickelt. Ob jemand gestört hat, kann ich eigentlich erst am Ende meines Lebens sagen, wenn ich weiß, wie sehr mir die Zeit dann fehlt. Immer, wenn ich nach langem Vorlauf endlich wie ein Maikäfer aufgepumpt auf dem Weg zum Schreibtisch bin, klingelt das Telefon und reißt das zarte Geflecht meines Tatendrangs für heute entzwei. Manchmal fragen sie schon am Tag vorher per E-Mail an, wann sie mich anrufen dürfen. Ich schwanke dann: bloß nicht zur besten Arbeitszeit, also von acht bis achtzehn Uhr.

Aber eben auch nicht danach, wer möchte denn in seiner Freizeit Dienstgespräche führen? Und wenn ich weiß, daß mich um fünfzehn Uhr jemand anrufen wird, kann ich bis dahin überhaupt nicht mehr denken, ich schaue dann immer wieder auf die Uhr, wieviel Zeit mir noch bleibt. Ich kann eigentlich erst richtig anfangen zu arbeiten, wenn ich sicher bin, daß ich für den Rest meines Lebens nicht mehr unterbrochen werde.

Man müßte einmal einen Tag lang von morgens bis abends keine Sekunde etwas tun, bei dem man ungestört bleiben will, ein Tag, so ereignislos wie die Stunden in der überfüllten Notaufnahme des Krankenhauses, mit zerfledderten «Auto Bild»-Ausgaben als Lesestoff und einem auf stumm geschalteten Bildschirm, auf dem «Bernd, das Brot» läuft. Ich nehme kein Werkzeug in die Hand, das ich weglegen müßte, ich wasche nicht ab, ich koche nicht, ich schlinge mein kaltes Fertigessen herunter, damit mein Mund nicht voll ist, wenn ich angerufen werde. Alles erledige ich hastig, damit mich kein Anrufer bei einer Tätigkeit erwischt. Ich stehe um sieben Uhr auf und gehe nach Mitternacht ins Bett, ich muß ja zur Verfügung stehen, die Augen fallen mir zu, an Mittagsschlaf ist nicht zu denken. So will man eigentlich nicht leben. Aber die Höflichkeit gebietet es, andernfalls müßte ich das Gespräch mit einer Lüge beginnen. Die einzige Tätigkeit, die, seit die Hörer nicht mehr am Apparat festgebunden sind, beim Telefonieren erledigt werden kann, ist Blumengießen. Wie gerne würde ich meinen freundlichen und zurückhaltenden Mitbewohnern etwas zu trinken geben, aber dafür müßte erst mal jemand anrufen.

SWIMMING BOULES

Olympisches Flair

Die 35. Olympischen Spiele im Jahr 2032 werden in die Geschichte des Sports eingehen, weil sie einen Wendepunkt darstellen, wie es ihn noch nicht gegeben hat. Bei den vorherigen Olympischen Spielen hatte China jeweils sämtliche Goldmedaillen gewonnen. Die Welt hat sich längst daran gewöhnt, daß die größten Sportler, Künstler und Wissenschaftler unserer Zeit Chinesen sind, ein Chinese hat die Unvollendete von Schubert zu Ende komponiert, chinesische Kunsthistoriker haben die Lücken im Wandfries des Pergamonaltars geschlossen (gut, daß er kaputtgegangen war, jetzt sah er viel besser aus als vorher), chinesische Forscher haben mit neuen Molekularanalysen sämtliche in der Bibliothek von Alexandria verbrannten Bücher rekonstruiert. Sogar bei den Paralympics haben die Chinesen alles gewonnen, nicht einmal da haben europäische Sportler es in die Medaillenränge geschafft, obwohl sie, um Chancengleichheit herzustellen, auch ohne Behinderung antreten durften. Die Attraktivität der Spiele litt natürlich unter dieser Situation, sogar die chinesischen Zuschauer selbst sehnten sich nach einem Athleten, der eine ernsthafte Konkurrenz zu seinen chinesischen Kollegen darstellte. Deshalb war das chinesische NOK daran interessiert gewesen, die Wettbewerbe für die 35. Spiele im Jahr 2032, die wegen der milden Temperaturen erstmalig in Alaska stattfanden, zu modifizieren, um sie wieder attraktiver für die Zuschauer zu gestalten. Man dachte an eine «Olympiade paradoxe», bei der am Anfang der Spiele ausgelost worden wäre, in welcher Disziplin jeder Athlet antreten würde. So wäre es zu reizvollen Wettbewerben gekommen, wenn etwa ein Gewichtheber und eine Hochspringerin im Synchronschwimmen um Gold gekämpft oder ein Sumoringer sich beim Dressurreiten versucht hätte. Es wäre allerdings zu befürchten gewesen, daß China sich auch auf diesen Modus eingestellt und in kürzester Zeit eine Generation von Sportlern ausgebildet hätte, von denen jeder in der Lage gewesen wäre, in allen Disziplinen anzutreten und zu gewinnen, so wie es ja auch längst üblich ist, daß chinesische Solisten nicht nur ein Instrument beherrschen, sondern mehrere, wir erinnern uns an die Leistung des vierzehnjährigen Li Li, dessen Einspielung aller neun Symphonien von Beethoven, bei denen er sämtliche Instrumente selbst gespielt hat, ein weltweiter Verkaufserfolg war. Man hätte Disziplinen finden müssen, in denen die Sportler aus anderen Nationen wieder eine Chance gehabt hätten, Disziplinen, bei denen man mit Talent, Trainingsfleiß und Leidensfähigkeit nichts erreichen konnte, denn darin waren chinesische Sportler nun mal allen anderen überlegen. Man zerbrach sich lange die Köpfe, um eine Lösung zu finden, aber dann war bekanntlich alles anders gekommen. Schon bei den letzten Olympischen Spielen war der Trend zu beobachten gewesen, daß manche Zuschauer die Sportler auf den hinteren Rängen mehr feierten als die Sieger. Wenn ein Marathonläufer am Eingang zum Stadion auf einen Kollegen wartete, um ihm den Vortritt zu lassen, geriet das Publikum außer sich vor Begeisterung. Wenn Athleten sich beim Hindernislauf mit Räuberleiter über die Hürden halfen, wenn Boxer Arm in Arm den Ring verließen, um ein Bier trinken zu gehen, wenn Ruderer sich mit ihren Rudern ausgelassene Wasserschlachten lieferten, wenn Turmspringer versuchten, die wuchtigste Arschbombe hinzulegen, bei der das Wasser am höchsten spritzte. Oft war der Letztplazierte der eigentliche Star des Wettbewerbs, es konnte ja auch nur einer Letzter werden, viele der Glücklichen hatten im Anschluß hochdotierte Werbeverträge bekommen. Für 2032 haben die Medienkonzerne reagiert und der Übertragung des Geschehens auf den hinteren Rängen erstmalig mehr Zeit gewidmet als dem Kampf um die Medaillen. Von den Sportlern wollte keiner ein Spielverderber sein, alle machten mit und scherzten lieber miteinander und mit dem Publikum, statt sich sinnlos abzuhetzen und die Gesundheit zu ruinieren. In einer Welt, in der der globale wirtschaftliche Wettbewerb und die Jagd auf die letzten Ressourcen der Erde die Menschen ständigem Streß aussetzen, in der jeder sich im Beruf, aber auch in der Freizeit und sogar in seinem Liebesleben optimieren muß, um nicht aussortiert zu werden, in der eigentlich jeder Mensch ein Hochleistungssportler ist, wenn er ökonomisch und sozial überleben will, sind die Olympischen Spiele zu einem Refugium der Leistungsverweigerung, des Spaßes an zwecklosen Tätigkeiten und der Freude am Dasein geworden, was die Einschaltquoten wie nie zuvor in die Höhe schnellen ließ. Niemand wollte es sich entgehen lassen, Menschen dabei zuzusehen, wie sie ohne jeden Erfolgsdruck gemeinsam ihre Freizeit verbrachten. Die Wirkung, die von dieser Entwicklung auf das gesellschaftliche Klima ausging, kann gar nicht überschätzt werden. Die Hoffnung ist nicht unberechtigt, daß der Sport zum ersten Mal in seiner Geschichte tatsächlich die Welt verändern könnte.

Die Lücke, die der Buchhändler läßt

In Buchhandlungen und Bibliotheken mache ich gerne Kontrollgänge und sehe nach, ob eines meiner Bücher im Regal steht. Leider ist das selten der Fall, deshalb habe ich, um der Sache einen Sinn zu geben, irgendwann damit begonnen, das, was ich als Lücke empfinde, zu fotografieren, um eines Tages vielleicht einmal einen Vortrag darüber zu halten. Elke Schmitter, Arno Schmidt, Éric-Emmanuel Schmitt, Kathrin Schmidt, Helmut Schmidt und der «Schmidt von Werneuchen», viele namhafte Autoren füllen die unsichtbare Lücke, die meine Bücher dort im Regal gelassen haben; wenn man es nicht wüßte, würde man gar nicht bemerken, daß sie fehlen. Ich habe schon überlegt, ob ich heimlich meine Belegexemplare in die Buchhandlung mitnehmen soll, um sie ins Regal zu schmuggeln, aber dazu fehlen mir die Nerven. Es ist auch schon peinlich genug, sich in Buchhandlungen in der Nähe der eigenen Anfangsbuchstaben herumzutreiben, ich tue das nur, wenn ich mir absolut sicher sein kann, daß mich der Buchhändler nicht kennt (was leider oft der Fall ist). Denn die Buchhändler beobachten natürlich, was ihre Kunden im Schilde führen, und in Bohème-Bezirken, wie meinem, bekommen sie täglich von beleidigten Autoren Besuch. Bei manchem kommt sogar die Frau kontrollieren und beschwert sich, daß die Bücher ihres Mannes zu versteckt aufgebaut sind, oder schlimmer: daß ihre eigenen Bücher nicht daneben stehen, sie schreibe doch auch. Ich gebe zu, ich habe in Buchhandlungen, in denen ich mein Buch besonders schmerzlich vermißte, schon danach gefragt, um den Titel heimlich im Unterbewußtsein des Buchhändlers zu verankern. Übrigens ist es nicht weniger peinlich, wenn meine Suche ergibt, daß tatsächlich ein Buch von mir im Regal steht, das berührt mich genauso unangenehm. Ich würde es dann am liebsten umdrehen, so war das doch nicht gemeint, daß das jeder kaufen und lesen kann, ich kenne diese Leute doch gar nicht! Vielleicht ist mir die Lücke, die der Buchhändler läßt, am Ende doch lieber.

In der Videothek

Zu den wenigen Freuden, die das Junggesellendasein dem sicheren Hafen der Ehe voraushat, gehört es, mit ein bißchen Glück auf der Straße Zeuge eines Ehestreits zu werden oder auch einfach nur einer dieser haßerfüllten Auseinandersetzungen, die in längeren Beziehungen für Abwechslung sorgen. Der Mensch ist nun einmal nicht dazu gemacht, jahrelang einer ihm durch das Schicksal aus mehr oder weniger undurchschaubaren Gründen zugeordneten Gestalt hinterherzutrotten oder ständig von jemandem begleitet zu werden, ohne sich dagegen wehren zu dürfen, weil man ja «zusammen» ist. Ein Leben lang unterdrücken die Männer ihre Frauen, die nur darauf warten, daß ihre Männer endlich tattrig genug sind, um es ihnen heimzuzahlen. Dann wird der Mann, wenn er im Mittelgang des Waggons jemandem im Weg steht, von seiner Frau einfach am Ärmel zur Seite gezerrt wie ein unartiges Kind. Aber auch jüngere Paare giften sich manchmal schon an wie Insassen einer fünf Quadratmeter großen Gefängnisinsel. Ich stelle mich dann immer in Hörweite und lausche. Die Tür in die Freiheit steht für beide weit offen, aber sie würden den Schritt nie wagen, denn sie wollen am Sonntag jemanden haben, mit dem sie «Tatort» gucken können. Besonders erschütternd sind Paargespräche in Videotheken, hören wir einmal rein:

SIE Was wollen wir denn gucken?

ER Weiß ich nicht. Irgendwas Unterhaltsames, ich bin schon ziemlich müde.

SIE Also eine Komödie?

ER Ich weiß nicht. Lachen ist auf die Dauer so anstrengend.

SIE Und der hier? Der sieht doch ganz gut aus. Irgendwer hat, glaub ich, gesagt, daß irgendwo stand, daß der ganz gut sein soll. Wenn das der war.

ER Wo stand der denn?

SIE Hier, bei «Der besondere Film».

ER Dann ist der bestimmt besonders langweilig.

SIE Dann sag doch mal du, was *du* gerne sehen würdest.

ER Ich weiß nicht. Was ich gerne sehen würde, habe ich ja schon gesehen, und du willst ja immer nicht, daß ich den Film schon kenne.

SIE Weil ich will, daß er für uns beide neu ist.

ER Aber ich *kenne* eben schon alle guten Filme.

SIE Es gibt so viele Filme, die *kannst* du gar nicht alle kennen.

ER Ich war früher dauernd im Kino. Eigentlich fast jeden Tag.

SIE Und jetzt bin *ich* wohl schuld, daß das nicht mehr so ist?

ER Ich hab nicht gesagt, daß du «schuld» bist, aber du bist *einer der Gründe*, eigentlich sogar der Hauptgrund. Aber da kannst du nichts dafür, das ist eben so, zu zweit macht man eben nicht mehr so viele Sachen.

SIE Warum denn? Ich würde gerne öfter ins Kino mit dir gehen.

ER Aber ins Kino geht man doch nur zu zweit, um sich zu küssen.

SIE Willst du mich denn nicht mehr küssen?

ER Doch, aber das kann ich ja auch so, dazu müssen wir nicht ins Kino gehen.

SIE Wir machen überhaupt nichts mehr abends, wir gehen nie tanzen.

ER Tanzen geht man doch auch nicht zu zweit, das wäre doch sinnlos.

SIE Wieso?

ER Na, man geht doch tanzen, um wen kennenzulernen, mit dem man dann ins Kino gehen und sich küssen kann.

SIE Und mit dem geht man dann gar nicht ins Kino?

ER Nein, ins Kino geht man eher alleine und träumt davon, wen zu haben, mit dem man ins Kino gehen könnte. Das macht eigentlich nur alleine Spaß.

SIE Ich dachte, man geht wegen der Filme ins Kino?

ER Nein, die Filme guckt man ja nur, weil man sich so alleine fühlt. Und seit ich dich kenne, gehe ich deshalb eben nicht mehr ins Kino, weil ich ja auch zu Hause bleiben kann, ich kenne dich ja schon. Und jetzt könnte ich ja auch selber bestimmen, welche Filme ich gucken kann, auf Video.

SIE Wieso *könnte*?

ER Na, weil wir nicht den gleichen Filmgeschmack haben.

SIE Wer sagt denn das?

ER Das weiß ich, weil wir doch ganz verschieden sind.

SIE Dann zeig mir hier *irgendeinen* Film, und ich gucke ihn mir gerne an.

ER Ich kann doch nicht einfach bestimmen, was wir gucken.

SIE Warum denn nicht?

ER Weil du mir das dann irgendwann heimzahlen würdest.

SIE Aber vielleicht gefällt mir der Film ja?

ER Du würdest dich aber trotzdem dafür rächen, auch wenn dir der Film *sehr* gefallen würde, würdest du dich darüber ärgern, daß ich bestimmt habe, daß wir ihn gucken, und deshalb sage ich lieber gar nichts, weil ich mir die Scherereien ersparen möchte.

SIE Wenn man dich so hört, muß das ja die Hölle sein mit mir.

ER Nein, die Hölle, das ist jetzt übertrieben. Es ist eben nur nicht immer ein Zuckerschlecken.

SIE Das war nicht *meine* Idee mit dem Videogucken.

ER Na, *meine* auch nicht.

SIE Und wieso sind wir dann hier?

ER Weil wir mal was unternehmen wollten.

SIE *Willst* du überhaupt einen Film gucken mit mir?

ER Doch, eigentlich schon.

SIE Das klingt ja nicht sehr begeistert.

ER Man kann ja auch nicht immer begeistert sein von allem. Wir sind doch erwachsene Menschen.

SIE Wir können den Abend auch getrennt verbringen.

ER Was willst du denn dann machen?

SIE Weiß ich nicht, einfach was anderes als du.

ER *Das* willst du?

SIE Na *ich* nicht, aber *du* offensichtlich.

ER Das hab ich doch gar nicht gesagt.

SIE Aber ich spüre das.

ER Wir können den Abend gar nicht getrennt verbringen.

SIE Wieso denn?

ER Weil wir nur einen Fernseher haben. Oder soll ich vielleicht Radio hören?

SIE Dann gehe ich eben ins Kino, und du guckst dir ein Video an, das du gerne sehen willst.

ER Ich muß gar keinen Film gucken, ich kann mich *sehr gut* alleine beschäftigen, wenn du nicht da bist.

SIE Und warum guckst du dann praktisch jeden Abend fern?

ER Na, weil du immer da bist. Dann kann ich mich eben *nicht* alleine beschäftigen.

SIE Dann wäre es doch das beste, wenn ich heute ausgehe und du mal deine Ruhe hast.

ER Ich kann mich aber nicht richtig entspannen, wenn ich weiß, daß du jederzeit wiederkommen könntest.

SIE Dann sollten wir uns vielleicht lieber trennen?

ER Wenn das so einfach wäre, hätten wir das doch schon längst getan.

SIE Aber was sollen wir denn dann machen?

ER Wir können ja «Tatort» gucken.

SIE Dann hätten wir aber gar nicht in die Videothek gehen müssen.

ER Beim nächsten Mal sind wir eben schlauer.

Made in Romania – mein Glückstag

Wieder einmal stehe ich bei REWE an der Kasse und bewundere die Vielfalt des Angebots in unseren heutigen Einkaufsläden. Ich kann mir nicht vorstellen, daß irgendeine Tante Emma das alles heranschaffen und in ihrer kleinen Bude stapeln wollen sollte. Das einzige, was ich vielleicht anzumerken hätte, ist, daß man an der Kasse nicht genug Zeit zum Einpacken bekommt, selbst wenn man, wie ich, alle Sachen so durchdacht aufs Band legt, daß man sie hinterher nur noch mechanisch in die Tüten füllen muß, wobei die zweite Tüte natürlich schon mit dem einen Henkel am Taschenhalter hängt, so daß man keine Zeit verliert, sollte die erste voll sein. Trotzdem staut sich «die Ware», wie sie hier diese Schätze unserer weltweit so erfolgreichen Kultur nennen, immer mal, und alle sehen mich vorwurfsvoll an. Ich habe mich ja nun schon extra an die längste Schlange angestellt, um niemanden aufzuhalten, der es eilig hat. Das Portemonnaie habe ich bereits geöffnet auf die Acrylablagefläche gelegt, aber was nützt es, wenn ich erst «die Ware» einpacken muß, damit weiter kassiert werden kann. Eine kurze Zeit wird die Ware in meinem Besitz sein, bevor ich sie wieder in eine der vielen bunten Tonnen werfe, die das Wegwerfen in unserem Land unterhaltsamer machen sollen. Die Zeit, die die Ware bei mir verbringt, ist dem Kapitalismus ein Dorn im Auge, sie sollte möglichst kurz sein zugunsten eines frisch und jugendlich pulsierenden Warenkreislaufs. Das wird ganz gut durch das Laufband an der Kasse versinnbildlicht, das im Leben eines Verbrauchers so selten wie möglich stocken sollte.

Ein guter Verbraucher schafft es, so schnell zu verbrauchen, daß das Band für ihn eigentlich sogar etwas schneller laufen müßte. Ich tue schon mein Bestes und packe in fiebriger Hast alles ein, aber ein paar Sekunden stockt das Band eben doch, und wenn man das hochrechnet, bedeutet das einen Milliardenverlust für unsere Wirtschaft. So wie es ja auch bei jedem Streik oder jedem Stromausfall wegen eines Gewitters heißt: «Die Schäden gehen in die Milliarden.» Plötzlich stutzt die Kassiererin, eine Glühbirne läßt sich nicht einscannen. Es ist eine 60-Watt-Birne, die letzte, die noch im Körbchen lag. Ab heute gibt es keine 60-Watt-Birnen mehr, und ab heute werden Sparlampen teurer, aber in den Nachrichten haben sie gesagt, daß zwischen beidem kein Zusammenhang besteht. Es hat ja auch niemand die Absicht, eine Mauer zu errichten. Auf der Glühbirne steht «Made in Romania». Das ist natürlich eine Überraschung; nachdem man bei REWE schon bulgarischen Schafskäse findet, gibt es nun auch ein rumänisches Produkt, so langsam normalisieren sich die Verhältnisse in unseren Kaufhallen wieder. Die Kassiererin verschwindet mit der Glühbirne, und ich packe in aller Ruhe weiter ein, ich lasse mir sogar aufreizend viel Zeit dabei, manchmal greife ich nur eine Sache, statt zwei bis drei, wie es ein guter Kunde machen würde, das kann auch den Leuten in der Schlange hinter mir nicht entgehen, aber was soll man machen? Heute ist mein Glückstag, ich habe einen Treffer gelandet, eine Ware, die sich nicht scannen läßt, eine Niete, so ersehnt wie der Pausengong beim Boxkampf. Manchmal hatte ich schon zwei Nieten in *einem* Einkauf. Der perfekte Einkauf, das wäre, wenn ich mit detektivischem Gespür nur Waren aussuchen würde, die sich nicht einscannen lassen, die Kassiererin müßte dann für alles einzeln irgendwohin verschwinden, das Laufband würde immer nur kurz anrucken, und ich würde es schaffen, endlich einmal beide Tüten genau gleich schwer zu befüllen beziehungsweise die rechte etwas schwerer, weil mein rechter Arm etwas stärker ist. Vielleicht würde ich sogar schon im Kopf die Summe für den Einkauf ausrechnen und das Geld abgezählt in die durchsichtige Münzmulde legen. Obwohl ich immer nicht weiß, ob das unhöflich ist, weil man damit ja auch ein bißchen die Leistung der Kassiererinnen in Frage stellt.

DER KAMPF GEHT WEITER

Meine Mutter

Meine Mutter verteilt Zuwendung in Form von dicken Briefumschlägen mit Zeitungsausschnitten, die sie für einen sammelt, weil sie sich erinnert, daß man sich für bestimmte Themen interessiert, lange Zeit habe ich deshalb Ausschnitte aus der Fernsehzeitung mit Tips gegen Haarausfall bekommen. Sie teilt mir auch gerne ihre Meinung über Bücher mit, die gerade besonderen Erfolg haben und von denen sie, um mich zu trösten, betont, daß sie so etwas nie lesen würde: «Diese beiden Jungen, die mit einem geklauten Auto in die Lausitz fahren, wen soll denn das interessieren?»

«Na, circa eine Million Leute.»

«Du müßtest eben auch mal so was schreiben.»

«Aber ich schreibe lieber, was ich schreibe.»

«Du müßtest eben noch eine spannende Geschichte einbauen, damit das wer kauft.»

Weil sie mir nichts vererben kann, betet sie jeden Abend, daß ich einen Bestseller schreibe. Lange wollte sie mich überzeugen, einen Krimi zu schreiben, der in der Bretagne spielt, leider habe ich nicht auf sie gehört. Sie liest jede Nacht Kriminalromane, ich weiß nicht, wann sie schläft. Ich möchte mir die Menge von Gewalttaten, die sie dauernd konsumiert, gar nicht vorstellen.

Es hat keinen Sinn, mit meiner Mutter zu diskutieren, egal über welches Thema, Argumente zählen nicht, man rennt gegen Wände, und jede Diskussion kann mit dem Satz: «Sei froh, daß du noch eine Mutter hast» abgewürgt werden. Wir sprechen jetzt manchmal darüber, was ihre Generation als Kinder mitmachen mußte, schwarze Pädagogik, sexuelle Repression, Krieg, Vertreibung. Aber sie sagt immer nur, welches Glück sie hatte.

«Wir sind nicht geschlagen worden.»

«Aber die Lehrerin hat dir doch mit dem Rohrstock auf die Finger gehauen.»

«Die hab ich weggezogen. Sie war so verdutzt, daß sie nichts gesagt hat.»

«Und deine Mutter mit dem Riemen?»

«Das hat uns gar nichts geschadet, wir wußten ja, daß wir was ausgefressen hatten.»

«Also seid ihr doch geschlagen worden?»

«Ich hatte so ein Glück im Leben.»

Während mein Vater etwas schwerhörig wird, wird meine Mutter manchmal schwersprechig, es ist nicht leicht, immer ihren Gedankensprüngen zu folgen: «Du kannst die Scheibe haben mit dem Schwimmer.»

«Welcher Schwimmer?»

«Da geht aber an manchen Stellen der Ton nicht.»

«Du meinst eine DVD?»

«Dabei ist der doch schwul in der anderen Serie.»

Meine Mutter schätzt Schwule, weil sie angeblich ihre Mütter so verehren. Ein Cousin von ihr häufelte regelmäßig die Erde auf dem Grab seiner Mutter mit den Händen auf. Roland Barthes hätte ihr gefallen, der plante ja, eine Vorlesung am Collège de France zu halten, bei der er nur Fotos von seiner Mutter zeigen wollte, aber dann wurde er von einem Laster angefahren und verstarb.

Meine Mutter gibt Obdachlosen Geld, weil sie hofft, daß mir auch jemand Geld gibt, wenn ich mal so auf der Straße sitzen sollte. Die hätten meistens sogar ein Unidiplom. Sie denkt immer, daß ich mich mal ausruhen müßte. Wenn ich sie besuche, gehe ich manchmal joggen. «Ruh dich lieber mal aus», sagt sie dann.

«Ich bin doch gerade erst aufgestanden.»

«Ja, aber du bist auch schon fast fünfzig.»

An jedem Geburtstag ruft sie mich an, und ich erfahre neue schreckliche Details über das Geburtswesen zur Zeit meiner Geburt. Die sechs bis zehn Frauen auf ihrem Zimmer, die teilweise zugenäht waren und monatelang liegen mußten, um nicht zu früh zu gebären, unter ihnen auch Minderjährige, stöhnten vor Schmerzen, bei Stromausfall wurde mit Kerzen von der letzten Weihnachtsfeier Licht gemacht. Abgetriebene Föten wurden vorwurfsvoll in die Luft gehalten, bevor man sie in einen Wischeimer plumpsen ließ. Die Neugeborenen wurden ihren Müttern aus hygienischen Gründen in den ersten vierundzwanzig Stunden entzogen. «Ist das nicht schrecklich?», sage ich dann.

«Aber du warst trotzdem ein fröhliches Kind.»

«Aber war das nicht grausam für dich?»

«Mit vierzehn bist du ja verstummt.»

Ich weiß nicht, warum sie das wundert, mit vierzehn muß man doch verstummen. Ich habe mir auch immer Sorgen um sie gemacht. Meine Mutter brachte zwar immer gute Laune mit nach Hause, trotzdem war alles von ihren schrecklichen Kopfschmerzen überschattet. «Soll ich noch eine Copyrkal nehmen?», sagte sie zu meinem Vater. «Ich hab schon zwei Ergoffin», antwortete er. Das klang für mich immer nach harten Drogen, dabei waren es DDR-Varianten von Paracetamol. Aber egal, wie sehr sie litt, wenn das Telefon klingelte, meldete sie sich fröhlich, als wäre nichts, auch wenn es meine Klassenlehrerin war. Überhaupt habe ich bestimmte Emotionen an ihr nie beobachtet. Daß Frauen auch beleidigt sein können, haben mir erst meine Freundinnen beigebracht, ich hatte von meiner Mutter deshalb aber auch nie gelernt, nett zu Frauen zu sein, bis heute heitert es mich zuverlässig auf, wenn ich meine Freundin ärgern kann.

Meine Mutter ist Germanistin geworden, weil sie nicht Chemikerin werden durfte, angeblich schadeten die giftigen Dämpfe Frauen.

Meine Mutter benutzte zum Abwaschen Gummifinger, weil sie von der Küchenarbeit schon ganz geschwollene Gelenke hatte.

Meine Mutter hatte im Auto als eiserne Ration immer eine braun gewordene Plasteflasche mit Wasser für ihre Kopfschmerztabletten dabei.

Meine Mutter gab uns in der Oper aufblasbare Sitzkissen, damit wir höher saßen und mehr sahen.

Meine Mutter hat am Telefon geweint, damit der Waschmaschinenmonteur von Monsator kam.

Meine Mutter hat jeden Sonntagmorgen so laut das Klassikwunschkonzert von der BBC gehört, daß ich bis heute eine Abneigung gegen Klassik habe.

Meine Mutter öffnet fünfzig Jahre alte Briefe nicht, weil es ihr auf der Seele liegt, daß sie sie immer noch nicht beantwortet hat.

Meine Mutter lobte einmal die Rentnerin unter ihnen, deren Kinder so selten zu Besuch kamen, weil sie am Weihnachtsmorgen so schön Klavier gespielt habe, weshalb sie das jahrelang extra für uns um acht Uhr morgens wiederholte.

Meine Mutter steckt uns in der Kirche vor dem Rausgehen immer noch Kollekte zu, damit wir sie ins Körbchen tun.

Meine Mutter findet, daß Colin Firth der beste Mr. Darcy aller Zeiten sei, der brauche nämlich «ein kantiges Kinn».

Meine Mutter wummerte immer mit dem Staubsauger gegen die Kinderzimmertür und wartete vergeblich darauf, daß wir ihr aus Gewissensgründen die Arbeit aus der Hand rissen.

Meine Mutter heizte morgens, eine Stunde bevor wir aufstanden, den Kohleofen im Kinderzimmer, manchmal sank die Temperatur über Nacht unter Null.

Meine Mutter kam von den Westreisen, die sie genehmigt bekam, um ihre inzwischen schon demente Mutter zu besuchen, immer schwerbeladen mit Geschenken für uns zurück. Einen Teil der Koffer trug sie, die anderen schob sie mit dem Fuß am Zoll vorbei. Wir hatten keine Ahnung, wie schwer es für sie gewesen war, in wenigen Tagen in Hamburg AC/DC-Aufnäher, Schnorchel, ein Tennis-Schweißband, «The Piper at the Gateway of Dawn» von Pink Floyd und Knopfzellen für die Quarzuhr aufzutreiben.

Meine Mutter ist ein Flüchtlingskind, sie hat gelernt, keinem zur Last zu fallen, und hat ihre Wünsche nie direkt geäußert. Es ist deshalb schwer, von ihr zu erfahren, was sie möchte. «Wolltet ihr nicht noch spazierengehen?», sagt sie nach dem Essen.

«Nein, wir bleiben lieber drin.»

«Schade, bei dem Wetter.»

«Ja, aber hier ist es so gemütlich.»

«Aber ich wollte mich jetzt eigentlich hinlegen.»

«Also möchtest du, daß wir rausgehen?»

«Ich möchte gar nichts, aber ihr wolltet doch rausgehen.»

«Kannst du nicht einfach sagen, was du willst?»

«Seid froh, daß ihr noch eine Mutter habt.»

Und das bin ich auch.

CHAUVINISMAUS

Ich wär' so gerne: mein Sohn

Wenn mir jemand von seiner Arbeit erzählt, will ich eigentlich immer tauschen: Biobauer, Schäfer, Primaballerina, sofort! Aber sogar ein langweiliger Bürojob kommt mir attraktiv vor, weil dazu sicher regelmäßiges Kantinenessen gehört und einmal im Jahr eine Weihnachtsfeier mit den Kollegen. Jedes Thema einer Doktorarbeit reizt mich mehr als den Promovierenden selbst, aber mir wäre kein eigenes eingefallen, beziehungsweise ich hätte mich nicht entscheiden können. Irgend etwas stimmt mit meinen Impulsen nicht. «Geh, wohin Dein Herz Dich trägt!», der Titel dieses Bestsellers klang in meinen Ohren wie Hohn, mein Herz saß vor dem Fernseher, sah «Wetten, dass..?» und knabberte die Salzkristalle von den Salzstangen, es wollte nirgendwo hingehen. Als Kind wollte ich Mathelehrer werden – vielleicht verband ich damit ein Gefühl der Überlegenheit? –, später Pfarrer – im Kopf hielt ich beim Einschlafen lange Predigten –, dann Fußballtrainer, Kranführer, Schauspieler, Radiomoderator, Archäologe, Computerhacker, Breakdancer, Goldsucher, Punkgitarrist, Billardprofi, Karateka, Geräuschemacher beim Film, Restaurateur, Tiefseetaucher, Erfinder, Detektiv, Verhaltensforscher. Hätte ich irgend etwas davon werden können? Vielleicht, aber ich konnte mich nicht entscheiden. Was wollte ich am meisten? Ich weiß es bis heute nicht. Pizza oder Pasta? Rotwein oder Weißwein? Großraum oder Abteil? Ständig diese Entscheidungen! Erdbestattung oder Feuerbestattung? Es hört nie auf! Wenn ich ganz tief in mich hineinhorche und vollkommen ehrlich bin, dann will ich wahrscheinlich mein Sohn sein, gerade jetzt, im Alter von drei bis vier Jahren. Ich bin neidisch auf ihn, wenn er in Strumpfhose und mit Filzhausschuhen durch die Wohnung tobt, wenn er sich im Bett an seine Mutter kuschelt, wenn er sich unbändig freut, weil er beim Fiebermessen auf meinem Handy «Ernie und Bert und das Kuchenmonster» sehen darf, wenn er eine halbe Stunde lang mit meinem neuen Akkuschrauber immer dieselbe Regalschraube raus- und reinschraubt, wenn er ausgedehnte Phantasien darüber hat, was er alles dürfen wird, sobald er endlich «groß ist» (das Gas vom Herd selber anzünden, das scharfe Küchenmesser benutzen, den Ball bis aufs Dach schießen). Jeder Tag treibt mich tiefer ins Exil meines Erwachsenseins, mit dem ich nichts anfangen kann, für das ich von der Natur nicht geschaffen bin, das ich als lästiges Nachspiel der verlorenen Kindheit empfinde. Neulich habe ich im Regal einer Kaufhalle Fritt-Kaubonbons gesehen. Als Kind wäre es sicher eine Phantasie gewesen, erwachsen zu sein und mich nach Belieben, und ohne fragen zu müssen, mit Fritt eindecken zu können. Aber jetzt bin ich erwachsen, und ich tue es gar nicht, ich wußte bis vor kurzem nicht mal, daß es Fritt noch gibt! Ich will nicht mehr spät aufbleiben und fernsehen, ich sehe gar nicht mehr fern, ich will kein BMX-Rad, mir reicht mein «klappriges Damenrad», ich will nicht mehr im Doppelstockbett oben schlafen, unten kommt man nachts leichter aufs Klo, ich will beim Autofahren nicht mehr hinter dem Lenkrad sitzen, als Beifahrer kann man die Landschaft betrachten, ich will im Bus nicht mehr den Halteknopf drücken, da sind lauter Keime dran, ich will keine Autogramme schreiben, nichts könnte lästiger sein. Alles, was ich mir als Kind für mein Erwachsenenleben erträumt habe, ist mir heute völlig gleichgültig, statt dessen sehne ich mich danach, wieder ein Kind zu sein. Was würde ich dafür geben, noch einmal an einem Sommertag mit den Freunden aus dem Viertel auf dem Asphalt-Fußballplatz im Hof unseres Plattenbaus zwei Mannschaften zu wählen und, bis es dunkel wird, Fußball zu spielen. Damals habe ich mir immer gewünscht, daß mein Vater mitspielen würde, aber Väter hatten in meiner Kindheit anderes zu tun, sie besaßen meistens nicht einmal Sportzeug, das ihnen noch gepaßt hätte. Heute spiele ich oft mit meinem Sohn, der unermüdlich den Ball zurückschießt. Wenn ich schon nicht er sein kann, dann ist es vielleicht gut, daß ich wenigstens das zweitbeste geworden bin, was ich werden konnte, sein Vater.

Meine Philosophie – das Zuspätwerk

Es gibt ein Quentchen, aber was ist ein Quent? Es gibt ein Schnippchen, aber was ist ein Schnipp? Es gibt ein Scherflein, aber was ist ein Scherf? Es gibt ein Zwerchfell, aber was ist ein Zwerch? Ich kann jemanden verunglimpfen, aber kann ich ihn auch verglimpfen? Ich kann geschniegelt aussehen, aber wie schniegelt man sich? Etwas kann anheimelnd sein, aber nicht abheimelnd. Und was ist ein Hohnepiepel?

Wenn zwei heiraten, die den gleichen Nachnamen haben, wem gehört dann der gemeinsame Nachname? Oder nennt sich Hedwiga Klemm, die Frau von Klaus Klemm, dann Hedwiga Klemm-Klemm?

Wenn es eine Kapuze gibt, gibt es dann auch eine «Ganze»?

Gibt es bei Word einen kursiven Punkt? (Ja, so sieht er aus: .)

Doofe Geschenke: eine DVD-Box mit allen bisherigen Big-Brother-Staffeln.

Gibt es ein Mindestalter fürs Altersheim?

Meine lustige Freundin: Neulich, als wir die Serie «Borgen» sahen, dachte sie, daß die erste Folge auf der DVD «Alle abspielen» heiße.

Auch als Erwachsener versuche ich noch manchmal, mich vor dem Spiegel so schnell zu bewegen, daß das Spiegelbild nicht hinterherkommt.

Wie heißt die SS eigentlich nach der Rechtschreibreform? SS oder SZ?

Kann man sich für sich selbst fremdschämen?

Spart es Strom, wenn ich bei der Verteilerleiste den Stecker in die Steckdose stecke, die sich am wenigsten weit weg vom Kabel befindet?

Wie finden wir raus, wer in unserem Haus nachts diese Lustschreie macht? Indem ich «es» mit allen Nachbarinnen mache? Aber man weiß ja nicht, wie ihr Mann «es» mit ihnen macht. Also muß meine Freundin «es» erst mit allen Nachbarn machen und mir sagen, wie sie «es» machen, damit ich «es» mit den Nachbarinnen auf die Art ihrer Männer mache. Aber meine Freundin müßte «es» natürlich mit den Männern der Nachbarinnen auf die Art ihrer Frauen machen.

Gibt es Väter, die aus allen Filzstiftpackungen den rosa Stift aussortieren, damit ihr Sohn nicht schwul wird?

Und müßte man als Mann nicht ausschließlich starke Verben benutzen?

Wenn auf den Müllautos der BSR «We kehr for you» steht, könnte die Polizei doch auch mal eine Kampagne starten und auf ihren Autos einen Golfschläger abbilden: «Wir lochen Sie ein».

Warum duzen sich Frauen, sobald sie Babys haben, untereinander?

Doofe Geschenke: ein Blindenschachspiel.

Noch döfer: ein Abo der «Bahn mobil».

Ich dürfte keine Österreicherin als Freundin haben, sonst würden alle denken, daß ich berlinern will, während sie wienert.

Ist es unromantisch, wenn der Vater meiner Freundin überlegt, zum 70. seiner Frau die Rede vom 60. zu überarbeiten, denn die sei doch gut angekommen?

Ist Sex mit ausgestorbenen Tieren auch verboten?

Ist Buddha nur nicht gekreuzigt worden, weil er so schwer war?

Warum ist es ein Statussymbol, ein Auto ohne Dach zu fahren?

Was wäre, wenn alte Menschen immer besser hören würden statt schlechter?

Wo steht das kleinste Hochhaus der Welt?

CHOPIN — HAUER

Bildnachweis